新型产业分工：
重塑区域发展格局

NEW INDUSTRIAL DIVISION OF LABOR：
RECONSTRUCTING THE PATTERN OF REGIONAL DEVELOPMENT

李 靖／著

社会科学文献出版社
SOCIAL SCIENCES ACADEMIC PRESS (CHINA)

前　言

我国是一个幅员辽阔、区域类型复杂多样的国家。差异化的地域结构为我们提供了丰富多彩的生存环境，也让我们的发展面临着巨大的挑战。区域发展不平衡、经济差距加大、产业发展恶性竞争、资源环境矛盾突出等一系列问题层出不穷，甚至愈演愈烈。推动我国经济持续健康发展，必须解决区域发展中的这些矛盾和问题。我国区域发展中出现的问题多种多样，但归根结底，最本质的原因在于区域分工不明确，在发展中出现区域产业规划相似、主导产业冲突、产业结构雷同等现象，并由此引发了重复建设、原料争夺、市场封锁等恶性竞争。长此以往，资源过度开采、投入产出效率低下、环境污染、生态破坏的恶果难以避免。改变区域这种无序竞争的局面，需要寻求恰当的方法，引导区域建立合理的分工与协作秩序。

笔者在研究分工时发现，在人类发展的过程中，分工在促进经济和社会进步方面发挥了巨大的作用，而且分工本身也在不断向前发展。从最初的部门分工到产品分工，分工取得了巨大的进步；而随着分工的不断演进，以产业链分工为代表的一种新的分工形式开始出现，它不再将一项产品或服务的所有过程局限在一个企业或某个区域进行，而是根据不同环节生产经营的要求，合理分散到具备生产条件的区域进行,然后通过产业链各环节的有序协作,完成最终产品或服务的供给。这种新型产业分工不但可以发挥不同地区的比较优势,而且通过跨区域资源配置,加大区域间沟通与协作,可以得到多个区域合力基础上的最终产出。在新型产业分工体系下,区域发挥自身比较优势,承接产业链不同环节的生产经营并形成区域核心竞争力,而最终产品的实现有赖于产业链上下游的紧密协作。从产业链角度来看,区域提供的是真正的差异化产品,区域不需要从竞争中寻求脱颖而出,更多的是通过合作实现自我发展。因此,这种充分发挥区域比较优势、建立在区域协作基础上的新型产业分工模式,能够解决当前区域发展面临的问题,重塑区域发展格局。

为了探讨新型产业分工对区域经济发展和区域关系的作用,本书首先从理论上研究了新型产业分工的来源、类型和特征,并探讨了其形成的动力机制。然后选取特定地区和产业进行实证研究。研究认为,新型产业分工是分工发展历程的一个新阶段,它对于区域和产业发展具有重要意义;我国有些区域已经表现出新型产业分工的趋势,新型产业分工明确的区域不但形成了较强的产业竞争力,而且区域内部产业关联度高,区域整体呈现持续发展态势,这在一定程度上可以说明新型产业分工对于重塑区域发展格局的推动作用。因此,本书提出当前我国应加快推动从传统分工走向新型产业分工的战略转变。

鉴于当前我国正处于从传统分工向新型产业分工转变的过程,国家政策应该做出相应的调整。首先,要对区域发展的指导思想从战略上做出调整,在市场发挥基础作用的前提下,政府要加强跨区域产业分工的引导与协调,规范我国区域发展秩序,加快推动新型产业分工格局的形成。其次,新型产业分工会形成区域功能专业化,在地区功能专业化加强的情况下,国家需要出台一定的财税政策,对资源输出区和生态涵养区给予合理的援助和补偿,以达到基本公共服务的空间均衡。

Preface

China is a vast country, which has many complex and diverse regions. Differences of geographical structure provide us with a rich and varied living environment, but they also make us faced with enormous challenges during our development. We face a series of issues, such as unbalanced regional development, increase of economic disparities, vicious competitions of industrial development, and the obvious contradiction in resources and the environment, which are even intensifying. In order to promote the sustainable development of China, these contradictions and problems of regional development must be resolved. There are various problems during the regional development of China, but in the final analysis, the most essential reason is that the division of region is not clear. Therefore, many problems have happened in the development, such as the similar industry-planning of region, the conflicts of leading industries, the identical industry-structure, and these problems even lead to vicious competitions, such as the duplication of construction, the competition of raw materials, market blockade and so on. In the long run, the result of over-exploitation of resource, low input-output efficiency, environmental pollution, and ecological damage will be inevitable. We should seek appropriate ways to change the regional situation of disorderly competition, and to guide the regions to establish a rational order of division and collaboration.

When I study the division of labor, I find that during the development of human society, division of labor has great effect on the progress of economy and society. At the same time, division of labor itself also develops unceasingly. From the division of section to the division of product, division of labor has made great progress; With the evolution of the division of labor, industrial chain of division appears as a new form of division of labor, which no longer limits a product or service of all the processes in an enterprise or a region, but according to the requirements of different segments of production and operation, disperses them to some regions with productive conditions. And then, these regions supply the final product or service to the market through various aspects of collaboration. This new industrial division of labor can not only play the comparative advantages of different regions, but also increase inter-regional communication and collaboration through cross-regional allocation of resources. Then the final output can be provided on the basis of a number of regional synergies. Through the new industrial division of labor, different regions can undertake the production and operation of different segments in the industrial chain on their comparative advantages, and the regional core competence can be formed. In all, the provision of final product depends on the close collaboration through industrial chain. From the perspective of industrial chain, different regions provide differential products, so regions don't need to try to stand out only from the competition, on the contrary, they can achieve self-development through cooperation. Therefore, the new industrial division of labor which bases on full playing of regional comparative advantage and regional cooperation is possible to solve the problems during regional development currently, and to reconstruct the pattern of regional development.

In order to find the effect of the new industrial division of labor on the regional development of economy and regional relations, firstly, theoretical studies have been made to elaborate the origin, the types and the characteristics of the new industrial division of labor, and the mechanism of impetus has been discussed emphatically. Then the empirical studies have been made on the specific regions and industries. The new industrial division of labor is a new phase of division of labor, and it is of great importance for regional and industrial development. The trend of the new division of labor has appeared in some regions of our country, in which industrial competence has been formed and industries are closely related within the region. To some extent, the impetus of new industrial division of labor for reconstruct the pattern of regional development can be proved. Therefore, the dissertation proposes that China should expedite the implementation of strategic change from the traditional division to the new industrial division of labor.

Presently, China is in the process of transformation from the traditional division to the new industrial division of labor, so national policies should be adjusted accordingly. Firstly, under the premise of the market playing a fundamental role, the government should strengthen guidance and standardize the order of regional development, then help to make the inter-regional division and coordination smoother, and expedite the formation of the new industrial division of labor. Secondly, with the strengthening of regional functional specialization, the proper fiscal policies should be enacted to assistant and compensate the areas of resource-output and ecological conservation, and achieves the spacial balance by providing the basic public services.

目 录
Contents

第一章 导论 ………………………………………………… 1
  第一节 问题提出与研究意义 ……………………………… 1
  第二节 研究对象的界定 …………………………………… 4
  第三节 国内外研究综述 …………………………………… 12
  第四节 研究方法与结构安排 ……………………………… 19
  第五节 创新与不足 ………………………………………… 22

理 论 篇

第二章 对现有分工理论的回顾与评价 …………………… 29
  第一节 古典分工理论 ……………………………………… 29
  第二节 马克思关于分工的研究 …………………………… 35
  第三节 新古典分工理论 …………………………………… 37
  第四节 新贸易理论对产业内分工的解释 ………………… 40
  第五节 竞争优势理论对分工与专业化的解释 …………… 45

第三章 新型产业分工的类型、特征与效应 ……………… 49
  第一节 分工演变趋势与新型产业分工的出现 …………… 49
  第二节 新型产业分工的类型与特征 ……………………… 52
  第三节 新型产业分工下的地区专业化 …………………… 58
  第四节 新型产业分工下的产业关联 ……………………… 65
  第五节 新型产业分工的效应分析 ………………………… 71

第四章　新型产业分工形成的动力机制 ········· 78
第一节　分析框架 ········· 78
第二节　产业层面的动力机制 ········· 82
第三节　区域层面的动力机制 ········· 112

实　证　篇

第五章　从传统分工走向新型产业分工 ········· 133
第一节　我国产业分工的演变过程 ········· 133
第二节　新型产业分工战略的提出 ········· 139

第六章　京津冀地区产业分工的实证研究 ········· 148
第一节　衡量指标与方法 ········· 148
第二节　区域选择和范围界定 ········· 150
第三节　京津冀地区产业分工状况 ········· 154
第四节　汽车产业在京津冀地区的分工状况 ········· 168

第七章　我国纺织产业分工的实证研究 ········· 182
第一节　纺织产业链在我国的总体分工状况 ········· 182
第二节　宁波服装产业链分工状况 ········· 188

第八章　推动新型产业分工与空间均衡的政策 ········· 195
第一节　促进新型产业分工的政策 ········· 195
第二节　跨区域协调的均衡政策 ········· 201

参考文献 ········· 208

Contents

Chapter 1 Introduction / 1
1 Issue Proposed and Importance of the Study / 1
2 Defination of the Object of the Study / 4
3 Summary of Researches from Domestic and Abroad / 12
4 Method of the Study and Structure Arrangement / 19
5 Innovation and Shortage / 22

Theory Section

Chapter 2 Reviews and Assessments on Existing Theories of Division of Labor / 29
1 Classical Theory of Division of Labor / 29
2 Researches of Division of Labor of Marx / 35
3 Neoclassical Theory of Division of Labor / 37
4 Explanations on Intra-industry Division of Labor from New Theory of International Trade / 40
5 Explanations on Division of Labor and Specialization from Theory of Competitive Advantage / 45

Chapter 3　Types, Characteristics and Effects of New
　　　　　　Industrial Division of Labor　　　　　　　　　/ 49

　1　Evolving Trend of Division of Labor and Appearance of
　　　New Industrial Division of Labor　　　　　　　　　　/ 49
　2　Types and Characteristics of New Industrial Division of Labor　/ 52
　3　Regional Specialization in New Industrial Division of Labor　/ 58
　4　Industrial Linkage in New Industrial Division of Labor　　/ 65
　5　Analyses of the Effect of New Industrial Division of Labor　/ 71

Chapter 4　Dynamic Mechanisms for New Industrial
　　　　　　Division of Labor　　　　　　　　　　　　　　/ 78
　1　Framework for Analysis　　　　　　　　　　　　　　　/ 78
　2　Dynamic Mechanisms on Industrial Level　　　　　　　/ 82
　3　Dynamic Mechanisms on Regional Level　　　　　　　　/ 112

Practice Section

Chapter 5　From Traditional Division of Labor to New Industrial
　　　　　　Division of Labor　　　　　　　　　　　　　　/ 133
　1　Evolving Process of Industrial Division of Labor in China　/ 133
　2　Strategy Proposed of New Industrial Division of Labor　/ 139

Chapter 6　Empirical Study on Industrial Division
　　　　　　of Labor in Jing-Jin-Ji Region　　　　　　　　　/ 148
　1　Indicators and Methods　　　　　　　　　　　　　　　/ 148

2	Regions Chosen and the Scope Defined	/ 150
3	Condition of the Industrial Division of Labor in Jing-Jin-Ji Region	/ 154
4	Condition of the Automobile-industry Division of Labor in Jing-Jin-Ji Region	/ 168

Chapter 7 Empirical Study on the Textile-industry Division of Labor in China / 182

1	Overall Condition of the Textile-industry-chain Division of Labor in China	/ 182
2	Condition of the Apparel-industry-chain Division of Labor in Ningbo	/ 188

Chapter 8 Policies of Promoting New Industrial Division of Labor and Equilibrium of Space / 195

1	Policies of Promoting New Industrial Division of Labor	/ 195
2	Equilibrium Policies of Promoting Balanced Development among Regions	/ 201

References / 208

第一章
导　论

　　随着信息技术的不断发展和经济全球化的加快，分工领域的新型产业分工现象日益引起人们的关注，它与原有的传统分工具有较大的区别，并且可能逐渐代替传统分工而成为分工发展的一种趋势。新型产业分工不但通过其逐渐深化的分工形式给产业发展带来更高的专业化效率，而且给区域经济发展带来了巨大的影响，甚至可能导致新一轮区域格局的重塑。这种新型产业分工将如何影响中国区域经济的发展？它是否有助于区域协调发展？政府应该出台怎样的政策引导这种分工？这些问题的解决对于我国区域发展具有较强的现实意义。

第一节　问题提出与研究意义

一　问题的提出

　　分工的研究已有悠久的历史渊源。早在18世纪，亚当·斯密在《国富论》中就对分工进行了研究，并提出了"分工是经济增长的源泉"这一论断。从斯密的古典分工到克鲁格曼的新贸易理论、杨小凯等的新兴古典分工理论、新国际劳动分工理论等，形成了一定的理论研究基础。分工的另一方面是专业化，分工与专业化的发展在生产方式的变革中扮演着重要的角色。马克思在《资本论》中对劳动分工进行了论述，他认为，一个民族的生产力发展水平，最明显地表现在该民族分工的发展程度上。分工和专业化对经济增长具有极大的促进作用，而且随着经济的发展，分工也在不断地向前发展。

当今世界，经济全球化对各个领域都产生着日益广泛的影响。经济全球化使世界各国、各地区的经济，包括生产、流通和消费等领域相互联系、相互依赖、相互渗透的程度不断加深，而由于民族、国家、地区等因素所造成的阻碍不断减少，生产、贸易、投资和金融的全球化，使得世界市场逐步形成，给各个国家和地区开展经济合作提供了广阔的环境。在经济全球化条件下，建立在分工基础上的区域经济合作领域得到不断的扩展和加强。在科技不断进步、跨国企业迅速发展的今天，国际分工和专业化生产不断向纵深方向发展，世界产业结构和资源正在经历着新一轮的调整和配置。随着生产过程的分解与产业转移的不断加快，产业分工出现了一种新的发展趋势，即产业分工不断向纵深方向发展，从部门分工向产品分工，并向产业链分工转变，产业链的各环节跨越不同地区甚至在世界范围内进行配置。产业链条跨区域的不断延伸，使各地区不再专业化于某个产业或产品，而是致力于在产业链的某个或数个环节上发挥自身优势。

近年来，在我国一些经济发达的地区，产业分工也出现了从传统的部门分工到产品分工，再到产业链分工的转变。从产业链分工来看，一条完整的产业链可以分为不同的环节，即从总部、研究与开发、产品设计、原料采购、零件生产、装配、成品储运、市场营销到售后服务，每一个环节的生产经营都可以选择在不同的地区进行。随着经济全球化和区域一体化的加快,目前珠三角、长三角和京津冀等地区在某些产业中已经出现按产业链的不同环节、工序甚至模块进行分工的新态势。例如,在大都市圈内,大都市中心区着重发展公司总部、研发、设计、培训,以及营销、批发零售、商标广告管理、售后服务等;大都市郊区和其他大中城市侧重发展高新技术产业和先进制造业;其他城市和小城镇则专门发展一般制造业和零部件生产等配套产业(魏后凯主编,2006)。这种在一定区域范围内出现的新型产业分工不但具有明显的层次性,而且加强了区域间生产的关联性,它既提高了区域专业化水平,又解决了区域发展过程中的产业结构雷同问题,从而形成了区域产业合理的分工协作态势,有助于区域优势的发挥和区域产业竞争力的提高。

二 研究意义

分工问题是经济学研究领域的一个重要问题,在经济学家那里,分工和专业化的功效是显而易见的,提起分工的演进及其作用,甚至就等于说生产率的提高。然而,古往今来,对分工进行系统研究的工作远不像预想的那么多,具有一定理论意义和体系较完整的文献更是凤毛麟角。因为,分工发展带来生产率的提高这种必然的关系已经被大多数经济学家当做问题研究的既定前提,甚至是公理。但是,随着科学技术的进步和经济社会的不断发展,分工领域的发展也呈现一些新的现象,并带来了一系列前所未有的问题,这些问题对于一方面大力推行国民经济的全面发展,另一方面致力于通过宏观调控来取得各相关领域协调共进的中国来说,显得尤为重要。

本书致力于对这种以产业链环节分解到不同区域进行生产配置的分工进行研究,试图在理论方面对其做出一定的探讨,并选择适当的区域和产业进行实证分析。

在理论方面，新型产业分工的结果可能会对基于部门和产品分工的很多研究方法和结论提出挑战。例如，新型产业分工主要区别于原来的部门、产品分工，因此，其结论将对原有的地区产业结构的判断标准提出质疑，依据部门分工判断的产业结构趋同可能并不能说明地区间产业分工和专业化程度的弱化。

在实证方面，新型产业分工的研究对于指导区域产业选择与跨区域合作、大都市区的功能专业化分工等都有重要的意义。在新型产业分工体系下，地区间的产业分工进一步深化，城市功能分工也在发生变化，大城市的经营管理职能在不断加强，中小城市的生产制造功能在逐步强化等。如果能针对当前我国区域经济发展现状，提出适当的区域经济发展政策，将对于指导区域分工格局的调整与都市圈分工体系的完善有一定的现实意义。

第二节　研究对象的界定

一　分工与区域分工

从现有文献来看，分工是一个较为基本的概念，一般仅对其进行描述性定义。有关分工问题，马克思曾有这样的论述，分工是"一种特殊的、有专业划分的、进一步发展的协作形式"[①]，"各种操作不再由同一个手工业者按照时间的先后顺序完成，而是分离开来，孤立起来，在空间上并列在一起，每一种操作分配给一个手工业者，全部操作由协作工人同时进行"（马克思，1975）。从马克思主义经典作家在论述不同历史社会的商品生产时提到的一些观点

---

① 《马克思恩格斯全集》第47卷，人民出版社，1979，转引自林其泉《分工的起源和发展》，厦门大学出版社，1998。

#　第一章　导　论

来看，马克思认为分工是"社会成员在各类生产之间的分配"。马克思认为分工首先是劳动的生产分工，其次才是交换的分工。斯密在其《国富论》中对分工有这样的描述，"未开化社会中一人独任的工作，在进步的社会中，一般都成为几个人分任的工作。而且，生产一种完全制造品所必要的劳动，也往往分由许多劳动者担任"（亚当·斯密，2001）。

后来一些学者从不同角度对分工进行了定义。斯蒂格勒（1996）认为，一个企业的经济活动包含了许多职能，分工或专业化过程，就是企业的职能不断分离出去，由其他专业化的企业专门承担这些职能的过程。盛洪（1992）认为，分工作为一种生产方式，或者说人们进行生产活动时的行为方式，是指将原来由一个经济活动或一个经济活动中所包含的不同操作分解为由两个或两个以上的经济行为主体承担的过程。分工（或称劳动分工）是指劳动力在生产过程中职业的专业化，往往被视为人类社会发展的基础（石崧，2005）。

社会生产力的发展离不开分工，分工表现为各种社会劳动的划分和独立化。马克思认为，分工"既包括部门间、企业间和企业内的分工，也包括把一定生产部门固定在国家或区域的地域分工"（马克思，1975）。这里所指的"地域分工"，就是区域分工。苏联学者对区域分工进行了大量的研究，我国学者一般将其翻译为劳动地域分工。按照萨乌什金的研究，马克思和恩格斯对于社会分工讨论的空间形式就是劳动地域分工（萨乌什金，1987）。列宁将劳动地域分工、生产专门化和经济区划过程结合起来，认为"同整个分工有直接联系的是地区的分工，即各个地区专门生产一种产品，有时是产品的一个品种，甚至是产品的某一部分"（列宁，1984）。列宁的理论很快成为苏联经济地理学界研究的指导思想。

我国学者也对区域分工进行了界定。区域分工亦称劳动地域分工、地理分工，它是社会分工的空间形式，是指相互关联的社会生产体系受一定利益机制的支配而在地理空间上发生的分异（杨开忠，1989）。区域分工是指一国各区域在充分利用区域内优势基础上实行区域专门化生产，并通过区际交换实现其专门化部门生产的产品价值与满足自身对本区域不能生产或生产不利的产品的需求，从而扩大区域的生产能力，增进区域利益（张敦富主编，1999）。

笔者认为，区域分工是分工的一种类型，它突出表现出分工的空间特性。区域分工包括的范围较广，指所有人类活动按照地域进行的分工。但人类活动中最主要的部分是经济活动，而在经济研究中更多地将其限制在产业活动领域。因此，区域分工主要指区域的产业分工。正如我国学者所述，人类经济活动按地域进行分工，各个地区依据自身的条件和优势，着重发展有利的产业部分，以其产品与外界交换，又从其他地区进口所需产品。这种现象就是劳动地域分工（陈才，2001）。从区域的角度来看，分工表现为区域生产的专门化，它是在生产力"趋优分布"规律下，人们为获得各种区域利益而出现的不以人的意志为转移的必然选择过程。也就是说，在经济利益的驱动下，各地区根据自己的优势进行劳动地域分工，当劳动地域分工达到一定规模时就出现区域专业化部门。这种选择的结果是使各区域都根据自己的优势进行专业化生产，从而全社会形成一个专业化分工体系（石碧华，2006）。

二 新型产业分工的界定

从分工的发展过程来看，国内区域产业分工的演变大体经历了三个阶段（魏后凯主编，2006）：第一阶段为部门或产业间分工，即不同区域重点发展不同类型的产业部门，它是经济发展早期阶段的产业分工形式。第二阶段为产品或产业内分工，就是不同区域产业发展可能选择同一个产业，但其产品种类存在差别，也可称为产

第一章
导　论

品间分工。近年来，随着交通通信技术的发展以及经济全球化的快速推进，无论是国际分工还是国内区域分工都发生了较大的变化，我们可以看到，同一产品的生产分散到很多地区来进行，如果从产品角度来看，这些地区在生产同一种产品，但各个区域按照产业链的不同环节、工序甚至模块进行专业化分工，这是分工发展的第三个阶段，可将其称为产业链分工。产业链分工是分工形式向更深入、更细化方向发展的结果，它与以往分工有较大的不同。部门分工和产品分工虽然分工的深度有所不同，但它们直接将产品供给市场或用户，因此，承担不同分工的地区之间可能出现竞争；产业链分工不是直接供给完整的消费品或服务，而是需要通过跨区域的继续合作才能提供最终产品或服务供给市场，因此，产业链分工更强调差异化协作。

部门（或产业间）分工、产品（或产业内）分工是分工发展的前两个阶段，它们虽然仍在当前存在，但已有较长的发展历史，将其称为传统分工。本书的研究对象——新型产业分工，是指上述第三阶段的分工。将其称为"新型"产业分工，是相对于上述第一和第二阶段的传统分工而言的。

新型产业分工表现为特定产品从生产到销售服务等一系列过程中，不同工序或区段在空间上产生分离，从而形成一种跨区域的产业链分工状态，它是经济全球化背景下区域和产业分工呈现的新特点和发展趋势。主要有两方面的特征：一是科技发展和区域壁垒的降低使产业链各环节表现出技术上和空间上可分离的特征，因此，产业链包含的不同工序和区段逐步被拆分，并分散到国内不同区域或不同国家进行；二是同类生产工序或环节在特定的区域形成一定规模的集聚，从而使得区域专业化特征更为显著。新型产业分工以产业链的形式，在地域上表现为产业链环节的纵向分离与同类集中，也可直接称为产业链分工。从产业角度来看，产业链从研发、加工制造到营销服务等具有跨产业运作的特征；从空间角度来看，产业链整个运作过程可以在不同区域进行，体现了这种新型分工在区域或空间上的可分离性。

产业链可以跨越一国之内的不同区域，也可能跨越国界，在全球范围内安排生产。因此，根据区域范围的不同，新型产业分工可分为两种类型。一类是产业链在国内各个区域之间形成的分工；另一类是产业链的国际分工，即产业链的不同环节跨越国界，在不同的国家安排生产经营活动。虽然区域这一概念并没有范围大小的具体要求，但在产业分工研究中，国内区域和跨国界区域有所不同，主要体现在三个方面：（1）要素流动性不同。国内各区域之间虽然也存在一定程度的地方保护主义，但国家之间出于国家利益、安全等问题的考虑，要素的流动远比国内要困难得多。（2）国家政策的影响程度或政府的协调力度不同。对于一国内部的区域间产业分工，国家可以从宏观上进行调控，及时协调各地区的利益平衡，但是跨国界的分工则更多地要遵循国际制度或市场规则，各国政府的调控力度较低。因此，从国家政策层面来看，对于国内区域间产业分工的研究更有现实意义。（3）利益追求的目标不同。区域之间虽然是相对独立的经济利益主体，但国内区域利益主体与不同国家之间的区域利益主体存在一定的差别。由于新型产业分工带来的利益分配有自身的特点，区域之间的利益协调或整体最大利益的追求都会表现出不同之处。一定程度上，区域可能以追求自身利益最大化为目标，但国家内部各区域间分工格局的最终形成，却取决于区域局部利益与国家整体利益的平衡，有时甚至更多的要考虑整体利益的最大化。考虑到国内区域和全球范围区域分工研究的约束条件和侧重点的不同，本书将区域限定在国家内部，即研究国内区域之间的产业链分工，着重探讨国内新型产业分工的来源、类型、特征，以及对我国区域发展的影响及政策意义等。

第一章 导 论

三 相关概念的比较

1. 产品内分工

近几年，我国国际贸易领域的学者开始了对新型产业分工的研究，他们将其称为"产品内分工"，以区别以前的产业内分工或产品间分工。产品内分工与产品内贸易形式是密切相关的，他们认为这种分工打破了从原料到最终产品的完整生产模式（卢锋，2004）。对产品内分工的理解主要是"生产和供应过程不同工序、区段和环节在不同的空间完成，然后在同一个地方形成最终产品"（庄尚文，2005）。卢锋这样定义产品内分工：产品内分工是一种新的生产方式形态，特征是某个产品和劳务的生产供应过程的不同工序、区段、环节拆分到不同空间甚至不同国家去完成，区别于在一个工厂内部完成整个工序流程的生产方式。这种对产品内分工的理解在本质上是和产业链分工一样的，而笔者认为，产业链分工还强调了这种分工的跨产业特性，因此，用"产业链分工"来描述新型产业分工更全面。

从术语的准确性来看，使用"产品内分工"容易引起歧义。因为任何产品的分类都是相对的，一个产品可以分解为不同的零部件，或者按生产过程分解为不同的工序和模块，从组装或者集成的角度看，它是一个完整的最终产品；但从参与分工的各个企业来说，它所承担或完成的工序、模块或者零部件，也可以看成一个产品。显然，随着经济社会的发展和科技进步，产品种类将越分越细，产品细分化将不可避免。在这种情况下，"产品内分工"概念的科学性将受到质疑。更重要的是，当这种分工从生产环节延伸到技术开发、销售环节时，其分工范围将突破产业的边界，延伸到其他制造业部门甚至第三产业领域。在这种情况下，我们仍把它界定为"产品内"显然是不够准确的。因此，从规范的角度看，使用产业链分工概念将更为科学（魏后凯，2007）。

2. 模块化分工

"模块"是指半自律性的子系统，通过和其他同样的子系统按照一定的规则相互联系而构成的更加复杂的系统或过程（青木昌彦等，2003）。而把复杂的系统分拆成不同模块，并使模块之间通过标准化接口进行信息沟通的动态整合过程就叫做"模块化"（modulatity）。模块化有狭义和广义之分，狭义模块化指产品生产和工艺设计的模块化，而广义模块化指把一系统（包括产品、生产组织和过程等）进行模块分解与集中的整合过程（刘茂松等，2006）。

从对模块化的分析可以看出，模块化的过程本质上是产业链分工的过程，但模块是一个半自律性的子系统，这就意味着相比产业链环节其独立运作能力更强，可以说模块化分解是产业链分工的进一步完善。随着柔性生产、虚拟组织等后福特制（post-Fordism）生产组织形式的出现，产业纵横向分工更加深化和细化，在分工逐渐深入的背景下，模块化的生产组织形式便显得尤为重要。企业开始选择并围绕其核心能力的产业环节进行生产经营，整合企业内外部资源，并逐步将这一核心能力进行模块化，把企业的优势资源集中在具有巨大潜力的核心能力模块，培育企业的核心竞争力。

从目前模块化发展的状况来看，模块化主要集中在技术复杂性和保密性要求较高的产业领域。模块化在技术设计和组织设计两个领域均被广泛使用（Langois，2002）。模块化生产最初是作为一种工艺设计方法被运用到钟表、汽车制造等行业。目前来看，由于技术复杂性要求技术设计本身进行模块化的领域主要集中在电脑设计、信息技术及微电子行业等领域。模块化由于独立性运作的能力加强，同时也加大了其资产专用性、战略趋同性、闭关自守性和创

第一章 导论

新惰性等风险，因此，模块化产业组织不但要提高模块技术的标准化，而且要加强共同界面的研究，促进相关产业之间的融合，才能使模块化这一分工模式的优越性更好地发挥。

鉴于模块化所表现的以上特征，本书将模块化分工归结为产业链分工形式的一种，认为它是目前针对某些行业出现的产业链分工的特例。

3. 纵向分工与横向分工

在当代国际经济学和管理学研究中，经常将分工划分为纵向和横向分工（horizontal and vertical specialization）。从原材料供应到最终产品形成的整个过程中，在不同生产深度阶段或层面之间进行的分工是纵向分工，在相同或类似生产深度阶段或层次上进行的分工是横向分工（卢锋，2004）。新型产业分工不但包含产业链的纵向分离，而且表现为同类环节在空间上的集中和专业化生产，因此，包括了纵向分工和横向分工两种形态。

4. 企业内分工与企业间分工

以企业为研究对象，对分工进行研究的文献较多。从亚当·斯密的古典分工理论，到杨格对分工和市场的研究，再到杨小凯的新兴古典分工理论，他们主要以企业为研究对象，对分工作出了大量的研究。企业内分工是指为了完成某种产品或服务对市场的供给，将整个生产过程安排在一个企业内部完成；有时，某个厂商甚至通过直接跨区域投资或兼并不同区域的企业，实现企业内一体化生产，达到跨区域生产和销售等活动的目的，即内部化。企业间分工则由多个企业共同完成产业链的一系列活动，企业间可以通过市场进行产业关联交易，也可以通过分包、转包、特许经营等方式进行合作，使产业链各环节的价值得到实现，即外部化或社会化。新型产业分工的形成既可以通过企业内的分工来完成，也可以通过企业间的分工来实现。

第三节 国内外研究综述

从目前掌握的资料来看,近年来,涉及对新型产业分工现象的研究逐渐增多。但是,不同学科领域的研究角度差异较大,而且国内和国外的研究也存在一定的差距。

一 国外研究

1. 国际贸易研究领域

从目前的文献来看,国外对产品内分工(产业链分工)已有一些研究成果,但尚未形成完整的理论体系。

(1)理论研究

随着海外组装、外包、转包等生产方式的出现,许多学者开始对生产环节的多国家生产进行了研究。Dixit 和 Grossman(1982)曾考察多区段生产系统如何在不同国家进行分配的,并建立了一个理论模型进行分析。Jones 和 Kierzkowsk(1990)研究了"生产过程分离并散布到不同空间区位"的分工状态,并将其称为"零散化生产"(fragmented production)。Ardnt 于 1997 年首次提出产品内分工的概念,并在 20 世纪 90 年代中后期对这一现象进行了开拓性的研究。他提出产品内分工带来的资源节约类似于技术进步,它能提高经济效率、增加产出、促进贸易发展、增进世界福利。他选择两个国家和两种要素,建立了一个 2×2 模型,在此基础上,分析了产品内分工条件下优惠国贸易协定对贸易和投资的影响,认为优惠国贸易协定消除了某些贸易壁垒,并导致了跨越两国的分工;如果对中间产品和最终产品征收的关税都实行减免,则增大了一国福利上升的可能性。关于产品内分工得以实现和发展的原因,后来Jones(2001)等人提出了"技术说",认为技术进步是推动产品内分工发展的重要原因。他们认为由于联结各生产环节的服务成本是固定的或者随着技术的不断进步而呈下降趋势,因此,即便生产本身规模报酬不变,随着生产规模的扩大,边际成本也会不断下降。互联网的广泛应用和集装箱运输的飞速发展,降低了产品内分工带来的服务成本,为发展产品内分工减少了障碍。Deardorff(1998)则提出"壁垒说"来解释产品内分工的发展。他认为产品内分工本来在技术上是可行的,但某些壁垒的存在会阻碍它的进一步发展。关于产品内分工会给各国福利带来何种影响,Jones 和 Kierzkowski(2001)认为对于劳动力丰裕的发展中国家来说,产品内分工无疑是个好消息,因为发展中国家在完整的生产制成品上没有比较优势,但在产品内分工条件下,可以通过参与劳动力密集工序的生产而获利。而对于发达国家的非熟练劳动力来说,真实工资率下降也不是必然的,这只发生在劳动力丰裕的发达国家。Deardorff(2005)认为,可以借鉴已有的贸易利益理论来分析产品内分工可能带来的贸易利益。根据次优理论,产品内分工有益于全世界福利的提高,但它像一把双刃剑,在给一些国家或集团带来利益的同时,也会给另一些国家或集团带来损失,甚至进一步加大国家或地区间的贫富差距。

(2)实证研究

Arndt(1997)利用国际贸易常规分析技术,对全球外包和转包等现象进行了研究,后来与其他相关研究汇集到一起,发表了《零散化——世界经济的新生产形态》一文。Feenstra 和 Hanson(1999)对传统价格回归模型进行修改和重释,引入了结构变量。在两种假设条件(结构变量独立和不独立)下对跨国贸易与技术对工资水平的影响进行了研究。其中贸易用中间投入品的外包来衡量,技术进步以对高技术资本品(high-technology capital)的投入来衡量。Feenstra 选取美国 1979~1990 年的数据进行回归分析,结果表明：外包和高技术资本品投入都会对非生产性工人的工资产生影响，高技术资本品对工资率的影响较大。在结构变量不独立的情况中，二者的影响力分别为40%和75%，比结构变量独立的情况放大了两倍。

Feenstra（2003）将外包分为垂直一体化和垂直分离化两种形式，分别置于激励理论和产权理论下进行研究，并采用中国1997~1999年出口加工业数据进行实证分析。他将垂直分离化又分为两种形式：两权分离和两权合一（加工工厂的所有权和投入品的采购权）。结果表明，在中国的加工贸易中，垂直一体化占6.8%，垂直分离化占43.5%，其中工厂由中方所有、投入品采购权由外方所有的两权分离方式占24.8%，研究结果支持了产权理论。

Amighini（2005）通过分析1991年和2001年中国ICT（信息通信产业）的RCA指数[①]和NET指数[②]，对中国参与ICT产业产品内分工的情况进行了实证研究。结果表明，中国的ICT产业在劳动密集型产品领域优势明显，而在技术密集型产品和零部件的生产方面仍处于劣势，但差距正逐渐缩小。对于研究方法，他指出：在产品内分工条件下，由于一国可能只参与了某产品若干工序的生产，

---

① RCA指数是衡量一国在国际贸易中比较优势的一种方法。RCA是显示比较优势（Revealed Comparative Advantage）的简称。它的表达式为：$RCAX_{ij} = (X_{ij}/X_i)/(X_{wj}/X_w)$；其中$X_{ij}$为i国j产品向世界市场出口的价值，$X_i$为i国向世界市场出口所有产品的价值，$X_{wj}$为世界市场出口j产品的价值，$X_w$为世界所有出口产品的价值。当$RCAX_{ij}$大于1时，表明i国j产品有较强的比较优势。

② NET指数是衡量一国净出口水平的一种方法，即Net Export Performance Ratio。通常指一个国家某种商品的出口减去进口与该类商品贸易总额的比率。用公式表示：$NX_{ij} = [(X_{ij}-M_{ij})/X_{ij}]/(X_{wj}/X_w)$；其中$X_{ij}$表示i国家j种商品的出口，$M_{ij}$表示i国家j种商品的进口。净出口指数在-1到1之间。如果为-1，意味着该国j种商品只有进口而没有出口；如果为1，意味着只有出口而没有进口。

第一章
导 论

零部件等中间产品的 RCA 指数比产业的 RCA 指数更能反映问题。而且 NET 指数考虑到了进口的影响，弥补了 RCA 指数的不足，因而将两者相结合来衡量一国产业的比较优势更为准确。另外，过去的研究大都基于 SITC[①] 三位数产品的贸易，这样的分析不能满足产品内分工的研究要求，要将最终产品和中间产品区分开来，需要细化到对 SITC 四位数甚至五位数产品的贸易进行分析。

2. 区域经济研究领域

在区域经济研究领域，国外对新型产业分工的研究只有少量的文献，但进行了一些计量和实证研究。研究的新动向主要有两方面：（1）对新型区域产业分工的实证研究相对较多，应用性特点明显；（2）研究地域单元的选择由国家过渡到区域和城市。

国际经济学家对分工的研究较早，他们主要以国家为研究地域单元，研究国家之间产业的分工问题。主要测度国家之间的分工水平和专业化程度，通过一定的指标把研究的国家分为几种类型，分析不同类型国家的分工和专业化水平差距，从而得出分工与经济发展水平（一般用人均 GDP 来衡量）的相关关系。克鲁格曼等人在 20 世纪 90 年代运用区域基尼系数来衡量国家的专业化程度，并试图发现国际分工的新趋势（Krugman，1991）。

研究产业链分工，以地区为地域单元比以国家为地域单元进行研究更有意义，因为产业链分工所形成的专业化程度加深，可能会最初集中体现为地区专业化程度的提高，所以这种度量更有现实意义。从目前掌握的文献来看，专业化已经成为反映分工的一种方式，很多对分工进行的度量都采用了专业化指标。现有文献对美国和欧洲地区的研究较多。Bruelhart（1995）用就业数据比较了美国

---

① SITC 是联合国国际贸易分类标准（Standard International Trade Classification）的简称。

和欧洲制造业在 1980~1990 年间地理集中的变化情况；Dalum（1996）等对 OECD 国家的专业化影响因素进行了分析。

以城市为研究的地域单元，将产业研究与区域研究紧密地结合起来，研究产业链分工带来的城市功能变化，更能体现分工的细化和专业化程度加深的情况。Durantou 和 Puga（2002）用就业数据比较了美国都市在 1977~1997 年间部门专业化和功能专业化的变化趋势。他们认为，在产品内分工逐渐加深的条件下，城市职能分化加剧，城市功能专业化会逐步提升，大城市的经营管理职能在不断加强，而中小城市的生产制造功能在逐步强化。城市功能专业化分工加剧，尤其是企业内部管理职能与制造职能的分离，与产业组织的变化有关，而运输技术与通信技术的发展为企业职能的空间分离提供了方便，并进一步促进了城市功能专业化的提升。

二 国内研究

1. 国际贸易研究领域

近年来，我国国际贸易领域的学者开始了对新型产业分工的研究，他们主要将其称为"产品内分工"，以区别传统的产业间分工和产业内分工（或产品间分工）。卢峰（2004）最早指出产品内分工作为一种更为细致深入的国际分工形态，其分工基础和源泉是比较优势和规模经济，并提出了决定产品内分工强度的四大因素，即生产过程不同工序的空间可分离性，不同生产工序要素投入比例的差异性，不同生产区段的有效规模差异度和跨境进行生产活动的交易成本。关于产品内分工与产业内分工的关系，卢峰认为二者有着本质区别，并且由于分工与贸易存在着表里对称的关系，产品内贸易和产业内贸易没有交集。田文（2005）在这一问题上则持相反观点，认为产业内贸易与产品内贸易是有交集的。他指出，从实证的角度来看，产业内贸易与产品内贸易的交集关系可以从二者所发生的产业与贸易流向方面得以证明。

中国期刊网上目前有十多篇关于产品内分工的文章,其中有两篇关于实证方面的分析。田文(2005)探讨了中间产品贸易的计量口径。他将 Feenstra(1997)和 Hummels(2001)[①] 提出的产品内分工的计量方法进行了比较分析,认为 Feenstra 的计量口径较为合理,即以一个国家进口的全部中间投入品作为测量产品内贸易的指标。张纪(2006)以笔记本电脑行业为例,对产品内国际分工的收益分配进行了研究。他采用卢锋(2004)的产品分类方法,参考 Hay 和 Morris(1991)的模型框架,建立成本和利润函数,对笔记本电脑各个生产环节的市场结构对收益分配的影响作出了检验。尽管国内在近两年内开始对产品内分工进行研究,但大多从现象上进行描述和归纳,而对这种分工的决定因素、内在机理的研究尚未发现。

2. 区域经济研究领域

区域经济领域的一些学者在研究中,较早地涉及了新型产业分工这一现象,但目前对新型区域产业分工进行专门研究的文献较少,只有一些类似的思想在文章中出现,并且大都仅仅是对当前经济现象的一种直观判断,未能作深入的探讨或度量。国内学者对新型区域产业分工的研究思想主要集中在以下两个方面。

第一,在全球化背景下,从国际分工的角度提出新型产业分工和中国(或某些区域)面临的机遇问题。例如:全球化背景下的新型产业分工,特别要重视全球性产业链和地区性产业链对传统分工理论的挑战(魏后凯,2001);在经济一体化条件下,生产要素流

---

① Hummels 提出了测度产品内分工规模的两种方法。一种为 VS,用体现在一国出口商品中的进口中间品价值来衡量,公式为 VS =(出口额/产出)× 进口中间品;另一种为 VSI,考察一国出口的中间品中被他国用作生产出口品的价值,计算方法与上式大体相同。两种方法的区别在于 VS 从一国的进口中间品来考虑,VSI 从一国的出口中间品来考虑。他与 Feenstra 的区别在于,其统计口径不包括一国进口中间投入品中用以生产满足国内市场消费的部分。

动得到加强，诱致了新的集聚与扩散，以规模经济为主导的区域分工理论具有一定的普适性，而且在探讨发展中国家之间、国家内部的区域间贸易政策等方面具有较大的意义（孟庆民等，2001）；信息技术革命克服了新型国际分工存在信息鸿沟拉大、波及效应有限等缺陷，提高了各国经济活动的一体化程度，使世界主要国家的经济周期出现同步化趋势（童有好，2004）；为了推进中部地区更快融入全球化、适应国际分工的新形态（产业链、供应链等），以中部6省省会城市为中心，有必要亦有可能发展成为城市群或大都市圈，为企业进入国际产业链、供应链提供相应的平台（陈栋生，2005）。

第二，在国内区域分工、产业转移和产业集群的研究领域中，体现了有关产业链分工和网络化的思想。例如：规模经济、分工经济和网络联系被认为是产业集群竞争优势的三个重要来源，所以集群区域的收益递增速度必然大于其周围非集群区域的收益递增速度（李小建等，2004）；在地区间存在经济发展水平、比较优势等差异的情况下，工业产业的空间转移可以更好地发挥地区优势、拓展产业发展空间、促进地区间的分工与合作（樊新生等，2004）；随着我国经济的发展和竞争的不断加剧，大都市区内部的各种冲突也日益明显，针对大都市区面临的种种冲突尤其是产业冲突问题，推进都市区内部基于产业链分工基础上的新型分工体系的形成，是消除和缓解产业冲突的有效途径（魏后凯，2007）。

三　简要评论

从国内外对新型产业分工的研究来看，其成果主要集中在近十年的时间内。可总结为五方面的特点：第一，目前来看，虽然对这种分工还没有明确的定义，但对它的特征尤其是与以往分工的不同之处，已经有较多的探讨，并越来越受到重视。第二，分工的影响因素是重要的研究领域，在对传统分工的研究基础上，很多学者对新型产业分工的影响因素进行了探讨。虽然比较优势、规模经济等因素依然被认为是重要的影响因素，但技术、贸易壁垒等原因似乎也受到了重视。到底什么是推动新型产业分工的源泉，值得进一步探讨。第三，有些文献对新型产业分工的度量提出了一些衡量指标和方法，但还需随着对分工特征及影响因素的进一步认识而不断改进和完善。第四，目前国际上有些学者试图在传统分工的框架下，通过一些条件的改变，对分工的新现象和新问题进行重新诠释，但目前尚未形成较成熟的研究框架和体系。第五，新型产业分工不但要把技术因素与制度因素考虑进去，而且要融合经济学、企业管理学和区域科学的方法，进行实证研究。但由于缺乏对企业的微观分析和经验数据的支持，目前多数研究仅停留在理论探讨阶段。

当前分工的现状是产业间分工、产业内分工和产业链分工（产品内分工）三种分工模式并存，而产业链分工呈现较快的增长势头。但是，这种新型分工是否适合所有产业，还是在特定产业，像 IT 产业、IC 产业、汽车产业以及可分性较强的一些机械制造业等更能发挥其优势，都需要进一步探讨。另外，分工具有产业特性和区域特性，尤其是新型区域产业分工的区域特性更为重要，但是不同学科的研究侧重点不同。从以上的文献综述可以看出，国际贸易领域对分工的研究更多的是侧重其产业特性，而区域经济领域则重视空间特征的分析。对新型区域产业分工进行研究，必须将相关学科的理论和研究方法结合起来，才能使研究的结论更具有理论和现实意义。

第四节 研究方法与结构安排

一 拟采取的研究方法

本书将综合产业经济学、区域经济学、经济地理学和国际经济学方法，从多学科融合的角度，采用规范研究、实证研究和对比分析等方法，对新型产业分工进行研究。

1. 规范分析与实证分析相结合的方法

规范与实证的分析方法被广泛用于经济学的研究领域，规范分析侧重于对研究对象的理性判断，实证研究则侧重于研究对象的客观描述。本书对新型产业分工进行研究，一方面要从理论方面对其做深入的探讨，对其发展趋势以及动力机制等做出判断；另一方面还要针对具体的区域，对产业分工现象进行实证研究，因此，采用规范与实证相结合的方法，尽可能使研究具有科学性和实用性。

2. 定性与定量相结合的分析方法

对新型产业分工的研究首先要进行大量的客观描述及理论探讨，定性分析可以从总体上把握研究的脉络；本书还将结合具体区域和产业，设计适当的分工测度指标，进行定量分析，使研究结果更具有科学性和说服力。

3. 经验研究与案例研究结合的方法

由于分工的研究已有一些成果，本书将在一定程度上进行经验研究，将新型产业分工置于可比较的环境中。但是新型产业分工本身的复杂性导致了它的度量指标和数据获得方面都有一定的困难，所以本书通过选择典型的区域和产业进行实证分析。

4. 比较分析的方法

比较分析方法的运用自始至终贯穿于本书中。一是在理论方面，针对分工演变的不同阶段，将新型产业分工与传统分工进行比较分析；二是在实证方面，首先选取不同地区和不同产业进行案例研究，并进行纵横向比较分析，然后结合我国区域产业分工政策的发展历程分析，探讨区别于以往的新型区域发展政策。

第一章　导　论

二　研究思路与结构安排

本书从当前出现的一些新的分工现象出发，首先将新型产业分工的概念进行明确界定。在此基础上，从理论方面对新型区域产业分工进行研究，阐述新型产业分工的来源、发展、特征，阐释产业分工的演变趋势，并继续探讨新型产业分工的动力机制。由于新型产业分工的度量较困难，并且受到数据可获得性的局限，因此，本书选取特定地区和产业进行实证研究，衡量我国某些产业分工发展状况，并对结果进行纵向和横向的比较分析。结合以上研究的结果，提出产业分工的发展必然带来区域分工格局的变化的观点，并进一步研究我国地区产业分工（产业结构）和城市功能分工格局的发展过程。最后，提出基于新型产业分工的区域发展政策。

本书的研究包括两大部分，即理论研究和实证研究。全书共有八章，第一章是导论，第二、三、四章是理论篇，第五、六、七、八章是实证篇。主要内容如下。

第一章，首先阐述研究背景和意义，接着在对分工发展历程回顾的基础上，界定了新型产业分工这一研究对象。然后对新型产业分工领域的研究文献进行综述，提出本书研究的方法和思路，最后总结了本书研究的创新和不足。

第二章，对已有的分工理论进行总结并做出评价，指出各阶段分工理论的贡献与局限性，试图发现对本书研究的可以借鉴之处。

第三章，对新型产业分工的类型、特征及其效应等进行探讨。在研究分工演变趋势的基础上，对新型产业分工的类型、特征等内容进行归纳分析；阐述新型产业分工条件下，区域之间或大都市区产业分工格局，着重探讨地区功能专业化的特征；论述新型产业分工与地区专业化之间的关系，探讨判断地区产业结构趋同的标准及其变化；探讨新型产业分工的经济性，如资源配置作用等。

第四章，探讨新型产业分工形成的动力机制。分工的演变以及新型产业分工的出现，必然存在其内在的动力机制。从产业和区域两个层面对新型产业分工的动力机制进行探讨。

第五章，回顾我国产业分工的区域演变进程，提出当前应立足区域发展基础，发挥区域比较优势，推动跨区域新型产业分工的形成。

第六章，对京津冀地区产业分工进行实证研究。设计适当的分工测度指标，对京津冀地区产业分工的现状进行研究，并选择其中的汽车产业，分析汽车产业链分工的状况，并进行比较分析。

第七章，选取我国分工发展程度较高的纺织产业作为案例，首先对其在全国范围内的产业链分工进行研究，然后以典型区域宁波为例，研究了服装产业在宁波的分工状况。

第八章，本书最后沿着我国区域产业分工发展的脉络进行分析，探讨了促进新型产业分工形成与保障空间均衡发展的政策。

第五节 创新与不足

一 主要结论

本书从分工研究体系中的一个领域入手，选择新型产业分工这一研究对象，结合中国的实际，通过理论和实践方面的探讨，得出以下几点结论。

第一，新型产业分工是分工演进过程中出现的一种有意义的分工形式。

本书通过对分工演进过程与趋势的分析，认为新型产业分工是分工发展历程的一个新阶段，它对于区域和产业发展具有重要的意义。通过查阅大量的文献，总结前人的研究成果，并结合当前分工

第一章
导 论

发展的具体实践,将产业链分工和模块化分工结合在一起,对新型产业分工进行了界定,并通过对其类型、特征及经济性等方面的分析,认为我国当前应在现有分工发展的条件下,促进基于区域比较优势而跨区域协作的新型产业分工体系的形成。

第二,区域和产业两个层面的因素共同推进了新型产业分工的形成。

对新型产业分工形成的动力机制探讨是本书的重点。新型产业分工是当前出现的一种特殊的分工形式,探讨其形成的动力机制,不但可以更深入地了解这种分工的特性,而且对于从国家层面上引导这种分工在区域和产业两方面合理的发展有一定的借鉴意义。本书通过理论分析,认为市场扩张、生产方式的进步和交易效率的提高等促进了产业链各环节的纵向分离和跨区域生产的可能;而要素禀赋、规模经济和集聚经济则推动了同类产业的地域集中和区域专业化的形成。新型产业分工的形成过程是产业链在空间上不同环节纵向分离和同类环节横向集中的过程。

第三,我国有些区域已经表现出新型产业分工的大体趋势,但具体到产业则有所不同。

本书选择两个产业在典型地区的分工发展状况,得出两种分析结果:(1)将区域作为一个整体进行研究,发现新型产业分工已有一定程度的体现。即在京津冀都市圈范围内,北京、天津和河北在产业链的总部、研发设计、加工制造、营销与服务四个主要环节的发展方面存在一定程度的分工。(2)具体产业的情况有所不同。一是对汽车产业的研究,未能发现明显的跨区域产业链分工状况;二是对纺织产业的研究,发展产业链分工协作的程度较高。

第四,在新型产业分工的条件下,探讨了当前我国应实施的区域发展政策。

由于当前我国正处于从传统向新型产业分工转变的过程,国家政策应该做出相应的调整。首先，要对区域发展的指导思想从战略上做出调整，政府不但要加强我国区域发展秩序的规范，在全国范围内统一规划区域产业发展，完善要素市场，并且要以都市圈为重点，加强都市圈内产业分工的引导与协调，加快推动新型产业分工格局的形成。其次，在地区功能专业化加强的情况下，国家需要出台一定的扶持政策，对资源输出区和生态涵养区给予合理的补偿和援助，以达到基本公共服务的空间均衡。

二 创新与不足

新型产业分工是当前区域和产业领域研究的前沿问题，但目前国内对这一问题的研究较为薄弱。从本书所获得的研究成果来看，创新之处虽然存在，但也存在一些不足，值得庆幸的是在研究过程中遇到多种困难并由此发现做这方面研究时无法采取的思路和方法，希望以后就此问题继续探讨。

本书的创新之处主要有以下三点。

第一，对新型产业分工作出界定，并对其类型、特征进行了研究。参阅大量有关分工研究的文献，结合对分工演进历程的研究，从中国的实际出发，界定了新型产业分工的内涵和特征，提出新型区域产业分工是当前分工发展的一种新趋势的观点。

第二，将区域和产业两个层面的分析结合起来，从理论上探讨了新型产业分工形成的动力机制。虽然对动力机制的研究还不够深入，在难以找到类似研究借鉴的前提下，仅以现有的分工理论为研究基础，进行新型产业分工动力机制的探讨仍是较有意义的尝试。

第三，从我国区域产业发展的历程与现状分析，提出当前应该从传统分工走向新型产业分工的观点。并提出基于新型产业分工的有关政策建议。这对于规范空间开发秩序、促进区域协调发展、推动区域分工新格局的形成有一定的参考意义。

本书的不足之处有以下几点。

第一，实证研究总体上较为薄弱。本书试图首先对新型产业分工进行理论探讨，在此基础上针对我国的具体情况，做出较充实的实证研究。然而，在写作过程中发现，对于一个选题，同时关注理论和实证两个方面，从时间和研究深度上都难以保证。所以，只能分阶段进行研究，目前仅达到通过一定的例证对理论做出验证的目的。

第二，由于企业层面的数据难以获得，只能通过产业数据对产业链分工状况近似地测算。因此，只能反映产业链分工的大体趋势，地区产业之间的关联性无法体现，难免出现结果过于粗略的情况。

第三，实证研究的测度指标和方法有待进一步探讨。由于预想的数据无法获得，本书在研究过程中未能对新的度量方法进行充分探讨，只是借鉴现有的研究方法进行了测算。

新型产业分工是一个有意义的研究领域，由于笔者水平有限，仅能作出初步的探讨，希望通过今后的努力学习，继续对此问题进行研究。

理 论 篇

第二章
对现有分工理论的回顾与评价

对分工的研究有着悠久的历史，不同的学科领域对于分工理论的贡献各有所长。现有分工理论为分工的进一步研究奠定了基础，然而，由于历史以及研究方法选择等方面的影响，各阶段的分工理论都或多或少存在一定的局限性。对新型产业分工进行研究时，一方面可以借鉴已有理论，将其作为研究的基础，另一方面要有新的突破。以下主要按照时间先后顺序，对古典学派、新古典学派、社会主义学派以及国际贸易领域和管理学领域对分工的研究作一述评，为以后章节的研究奠定理论基础。

第一节 古典分工理论

古典分工理论主要包括亚当·斯密的绝对优势理论和大卫·李嘉图的比较优势理论。古典经济学家对分工的研究是针对国际分工和国际贸易提出来的，后来被区域经济学家用于解释地区之间的分工与贸易。

一 斯密的绝对优势理论

亚当·斯密1776年在其经典著作《国富论》中，对国际分工

> **新型产业分工：**
> **重塑区域发展格局**

与贸易进行了深入研究，提出了"分工是经济增长的源泉"的观点，被认为是对于分工最早的理论研究与论述。在斯密之前，柏拉图早在公元前380年就论述了专业化、分工对增进社会福利的意义，并认为市场和货币的基础是分工（Plato，1955）。配第在17世纪末也认识到专业化对生产力进步的意义，并指出荷兰人之所以有较高的商业效率，就是因为他们用专门用途的商船运输不同的货物（Petty，1963）。但他们对分工的研究未能提出较完整的理论，只是分工研究的思想渊源。

斯密认为，分工是导致经济进步的唯一原因。仅仅用分工就可以说明"为什么文明社会存在不平等，但文明社会中最卑微的成员却比最受人尊敬的野蛮人生活得好"。技术进步、各种机器的发明，甚至投资都是由分工引起的，它们实际上只不过是分工的附属品而已。在斯密看来，人们天生的差别并不大，但是由于后来选择了不同的专业，因而生产不同产品时的生产效率便不同，形成了不同的绝对优势。劳动生产率最大的改进，以及劳动在任何地方运作或应用中所体现的技能、熟练和判断的大部分，似乎都是劳动分工的结果。斯密对分工经济学意义的研究结论被称为斯密定理，即分工的绝对优势理论，包括：分工是经济增长的源泉；分工水平受到交换能力，即市场范围的限制；市场大小由运输效率决定，因此，通过水运可以为产业开辟更广阔的市场，而且在海岸布局产业有利于市场的拓展；资本是在各个间接生产部门发展分工的工具；等等。

斯密在论述分工可以增进劳动生产率的基础上，从一般制造业工厂内部的分工开始，进而分析了国家之间的分工，并对国际贸易与经济发展的相互关系进行了系统的阐述。由于各国在生产技术上的绝对差异，造成了劳动生产率和生产成本的绝对差异，这构成了国际贸易和国际分工的基础。即当一国相对另一国在某种商品的生

第二章
对现有分工理论的回顾与评价

产上有更高效率（或有绝对优势），但在另一种商品生产上效率更低（或有绝对劣势）时，那么两国就可以通过专门生产自己有绝对优势的产品并用其中一部分来交换其有绝对劣势的商品。斯密主张自由贸易，他认为不管别国采取什么样的贸易政策，单方面地实行贸易自由化是一国值得采取的获益政策，这样，资源能够被最有效地利用，贸易双方能得到比各自闭关自守时更多的利益。斯密的绝对优势理论为国际分工与贸易提供了理论依据，各国在不同的产品生产上具有绝对优势，不同国家之间将分别专业化生产其优势产品，并用以交换其他产品；市场范围的扩大会促进分工并带来规模经济，从而有利于各国的经济增长和国民福利的增进。这一理论思想也适用于区域之间的分工与贸易，一国内部的区域都应该按照其绝对有利的生产条件来进行专业化生产，进行区际交换，使各区域的资源得到最有效的利用，从而提高区域劳动生产率、增进区域利益。

　　斯密在其巨著《国富论》中详细地论述了分工的好处，但是，他对个人分工和专业化给予了极大的关注，却忽视了发生在一个车间内的分工以及一些已经确立的像纺织业和机器制造业那样的行业分工之间的组织特点，也就是说，斯密分工理论"令人遗憾的失败"是没有把企业内分工与产业内分工的交互作用联系起来（贾根良，1995）。这一缺陷直到马克思那里才得到解决。另外，我们看到，斯密理论在其应用中也存在局限性。斯密理论非常强调一国外生的生产成本绝对优势的重要性，从而绝对生产成本的高低决定了各国间贸易发生的可能性及贸易利益的大小。但是，斯密却忽略了一个非常重要的问题，即如果一国在所有商品的生产上其生产成本都相对于外国同类商品的生产成本处于绝对劣势，这个国家是否仍能从国际贸易中获得利益呢？事实上，由于各国经济发展水平不同，有些国家比较发达，经常是所有产品的生产成本都比较低，从而在所有产品的生产上都具有绝对优势,而另一些国家生产所有产品的成本都比较高,从而在所有产品的生产上都处于劣势,然而,在两国之间仍然有贸易发生。显然,应用绝对优势理论就难以对此做出令人满意的解释。所以,传统观点认为,斯密的绝对优势理论是李嘉图的比较优势理论的一个特例。

二 李嘉图的比较优势理论

在绝对优势理论的基础上,李嘉图在其1817年的著作《政治经济学及赋税原理》一书中,以劳动价值论为基础,提出了比较优势理论。李嘉图认为,在资本和劳动不能在国家之间完全自由流动的条件下,不可能按照斯密的绝对优势成本理论进行国际分工与贸易,而只能按照比较成本优势进行分工。各国应集中生产优势较大或劣势较小的商品,这样的国际分工对贸易各国都有利(李嘉图,1976)。

李嘉图用两个国家、两种产品的模型证明,有的国家没有绝对优势,只要有比较优势,也可以从贸易中获得好处。他认为由于国家间劳动生产率的差异,若一国生产某种产品相对于生产其他产品来说更便宜,那么该国就应该生产其生产成本较低的那种产品,再通过国际贸易向另一国交换另一种产品,这样两国都可以从分工和贸易中获得利益,是一种双赢安排。这样两国都可以突破本国资源条件的限制,更多地消费自己不能生产的产品,增进自己的福利水平。与此同时,两国的生产资源也能够得到最充分、最有效的利用,促进两国的经济发展,世界的产出也将达到最高水平。李嘉图的比较利益理论论证了一国无论处于何种发展阶段,都可以根据两利相权取其重,两弊相衡择其轻的原则确定各自的相对优势,通过参与国际分工获得贸易利益。

由此可见,李嘉图提出各国进行国际分工的主要依据是一种生

第二章
对现有分工理论的回顾与评价

产上的相对优势和成本上的相对差别,而不像斯密提出的国际分工的依据是一种生产和成本的绝对差别,正是在这一点上李嘉图的比较优势理论更具有科学的进步意义。该理论不仅论证了国际贸易的基础及其对经济发展的作用,而且在实践上也较好地解释了广泛存在于发达国家和发展中国家之间的贸易。然而,李嘉图的比较优势理论同样存在局限性:(1)从比较优势原理和贸易互利模型出发,劳动生产率落后不但不会因竞争而被淘汰,反而可能从国际分工中得利,这与价值规律的作用产生了深刻的矛盾。(2)对有关比较优势的来源未能加以说明,对于比较优势相同的两个国家之间能否发生贸易往来问题未能给予回答。(3)李嘉图模型忽略了国际贸易对国内收入分配的影响,并据此认为国家作为一个整体是始终能从贸易中获利的(克鲁格曼等,1998)。(4)李嘉图单要素模型的诸多假设不符合客观现实,比较优势的产生仅仅是由于各国劳动生产率(他认为这是生产的唯一要素)之间存在着差异,即生产某种产品的成本相对较低,是一种价格上的竞争优势,但他没有解释产生这种差异的原因,也明显忽视了自然资源和规模经济在国际贸易中的作用等。李嘉图在对分工和专业化的研究中,强调外生比较优势与分工的关系,他的比较优势理论一直被视为国际贸易理论的经典。后来一些经济学家又从不同的角度对其理论加以发展,例如,哈伯勒从机会成本概念出发,结合生产可能性曲线对比较优势理论进行了规范叙述,得到了西方经济学界较高的评价(石碧华,2006)。

三 从古典到新兴古典分工理论的研究脉络

斯密等古典经济学家指出了分工对于经济增长的意义,但是他们的研究方向却在很长时间内未得到继承。斯蒂格勒(Stigler,1976)说,斯密在其巨著的开篇就论述了分工问题,并且不惜重墨对分工进行了令人信服的描述。古往今来,这些思想被广泛的引用,但是却没有人去运用他的理论,一个重要原因就是斯密的描述没有得到标准的、规范的模型化,而且对分工问题进行模型化又极其的困难。分工与专业化问题是社会发展的一般机制问题,也就是经济学要研究的基本问题,但是却被主流经济领域漠视了很长的一段时间。在强调专业化和劳动分工的古典经济学之后,马歇尔开始将"规模经济"引入经济学研究领域中,作为无法对古典经济学中分工思想进行形式化处理的一个替代物,由此分工的研究淡出了经济研究领域近半个世纪。

1928年,阿伦·杨格发表在《经济学杂志》上的《递增报酬与经济进步》一文,被认为是斯密之后关于分工和专业化最重要的文献,有些经济学家将其称为分工研究的回归。杨格认为,不但分工水平依赖市场容量,反过来市场是由所有人是否参加分工的决策决定的,所以它又由分工水平决定。他清楚地指出了分工的经济效果是网络效果,与一般均衡机制中所有变量的相互依赖有关。一个工厂规模的大小可能与工厂内的分工水平无关,一个大而全的工厂,可能工厂内每个工人都从事很多专业,因而,工厂内分工水平可能很低。而多个小而专的工厂却可能与社会的高分工水平有关。因此,分工需要用每个人的专业化水平、全社会专业的多样化程度和"生产迂回"链条长度等多个变量来描述。这些关于分工的思想被总结为杨格定理。

20世纪50年代,数学家发展了线性规划和非线性规划等方法,给处理分工与专业化问题提供了强有力的定量实证分析工具。80年代以来,以澳大利亚华人经济学家杨小凯为代表的一批经济学家,用超边际分析法和其他非古典数学规划方法,将古典经济学中关于分工和专业化的经济思想形式化,发展成为新兴古典经济学,使经济学的研究对象由既定经济组织结构下的最优资源配置问题,转向技术与经济组织的互动关系及其演进过程的研究,被一些

第二章
对现有分工理论的回顾与评价

经济学家称为分工研究的复兴。新兴古典经济学的分析工具是现代数学方法与理论，但其理论基石是以斯密、杨格为代表的古典经济学中的分工理论。杨小凯等学者以专业化分工为基础的关于经济聚集的阐述，是自马歇尔以后把空间因素纳入经济学理论框架的一次重大尝试。他们将分工、交易费用、交易效率的概念和一般均衡的分析工具，以及制度分析引入经济聚集的研究中，不仅给人们一种方法论上的启迪，而且使该问题的研究对于现实经济更具有解释力。

第二节 马克思关于分工的研究

虽然从时间上看，马克思关于分工的研究处于古典经济学研究阶段，但马克思的研究方法、角度以及他所得的结论和其他古典经济学家有较大的不同，并形成了相对完整和独立的分工理论体系。

马克思在其《资本论》一书中，研究了分工对于社会进步的重大意义，在人类生产发展过程中，分工和交换一直存在且形影不离。马克思对工场手工业内部的分工和社会内部的分工进行了区分。他指出，尽管社会内部的分工和工场内部的分工有共同点，但二者却存在着本质的区别。第一，工场内部的单个工人不生产商品，变成商品的是单个工人特殊劳动的结合产品；第二，社会内部的分工以不同劳动部门的产品买卖为媒介，而工场内部各局部劳动之间的联系则以不同的劳动力出售给资本家，资本家将他们作为一个结合劳动来使用；第三，工场手工业以生产资料积聚在一个资本家手中为前提，而社会分工则以生产资料分散在许多商品生产者之间为前提；第四，工场手工业内部的生产通过计划来调节，而社会分工则由价值规律来调节；第五，工场手工业的工人要服从资本家的权威，而社会分工下单个商品生产者只承认竞争的权威。马克思认为，人口数量和人口密度是社会内部分工的物质前提，社会内部分工和工场手工业分工能够相互作用，工场手工业的分工要求社会分工发展到一定程度，而工场手工业的分工能增加社会分工。一旦工场手工业分工扩展到以前作为主要行业或辅助行业和其他行业联系在一起，并由同一生产者经营的行业，分离和相互独立的现象就会发生；一旦工场手工业的生产扩展到某种商品的一个特殊的生产阶段，该商品的各个生产阶段就会变成独立的行业（马克思，1975）。

马克思论述的主要是社会分工问题，他将社会分工分为三大类，认为"单就劳动本身来说，可以把社会生产分为农业、工业等大类，叫做一般分工；把这些生产大类分为种和亚种，叫做特殊分工；把工场内部的分工叫做个别分工"。社会分工的实质就是使各种劳动日益专门化，使独立的生产部门或者企业越来越多，或者使原来的生产部门和生产过程发生分解而独立（马克思，1978）。

马克思认为，工业发展时期从简单协作、工场手工业到机器大工业的社会化大生产，不但是社会分工的不断向前发展，同时也是实现生产专业化的过程。他区分了以分工为基础的协作和不分工的协作，并且把分工作为协作的一个重要方面来对待，认为分工对生产率的提高在很大程度上是通过协作来实现的：（1）将更多的劳动者集合在一起，可以创造出一种集体力，因为由于协作的共同劳动所引起的竞争和精力振奋，可以提高个人工作效率；（2）即使不改变生产工具和操作方法，仅通过操作的分解和专业化，也可以节省学习时间和费用，因为相对简单的操作可以减少工作失误，并且可以避免劳动者从一项工作转到另一项工作而造成的时间损失；（3）劳动分工与协作不仅可以提高生产率，而且从长远来看，还可以促进技术创新，因为通过对劳动过程和操作的细分与专业化，使得生产工具和工序、操作记忆的改进等技术创新变得相对容易。

第二章
对现有分工理论的回顾与评价

马克思认为技术对于分工的发展起到了巨大的作用,"机器的使用扩大了社会内部的分工,增加了特殊生产部门和独立生产领域的数目"。

马克思对于社会分工种类的细分,以及对生产过程与生产组织的分离和协作等所作的论述,给分工的研究提供了新的思路,可以启发我们就此对分工的发展历程及演变等进行研究。马克思不但阐述了分工与协作的巨大意义,同时对劳动分工和专业化产生的负面影响也作了深刻的揭示,他认为,由于分工和专业化的发展,劳动者的生产活动越来越集中于较小的范围,会使生产者丧失其他方面的技能,成为一个片面发展的人,并且长期从事单调的劳动,会妨碍智力的发挥和引起精神的紧张,失去人的丰富性和创造性。但是,马克思对分工的研究也有其局限性,他虽然从社会生产和人类发展的角度对分工作出了深入的研究,但是他没有分析分工和交换是如何从农业、畜牧业和手工业经济中产生和发展起来的,即分工形成演变的机制问题,因为单纯的自然环境差别并不一定能引起不同地域之间的分工和交换。

第三节 新古典分工理论

一 要素禀赋理论

古典分工的绝对利益和相对利益理论对分工的解释虽然有其成功的一面,但不能说明为什么各个区域在某种商品生产上具有比较优势。瑞典经济学家赫克歇尔(Eli F. Heckscher)和俄林(Bertil C. Ohlin)从一系列基本假设出发,在比较优势理论的基础上,进一步提出了要素禀赋理论,简称 H—O 理论。赫尔歇尔在 1919 年发表的一篇论文中提出了如何解释两国之间比较成本差异问题,他认为产生比较成本差异有两个前提条件：（1）各区域生产要素禀赋不同；（2）不同商品生产需要不同的生产要素组合。这是要素禀赋理论赖以建立的两个基本事实。俄林接受了赫尔歇尔的这一观点，并在1933年出版的《地区间贸易与国际贸易》一书中，对这一理论进行了系统的阐述，从而形成了要素禀赋理论。俄林认为，每一区域最适宜于生产那些所需生产要素在该区域廉价且比较丰富的产品，最不适于生产那些所需生产要素在该区域赋存量少甚至没有的产品。"生产要素的不平衡分布，除非由相应的地区需求的不平衡加以抵消，否则这种分布会使生产要素的价格在各地区形成差异，从而促成地区间的分工和贸易"（俄林，1986）。该理论把区际分工、区际贸易和生产要素禀赋紧密联系起来，认为区际分工及贸易产生的主要原因是区域生产要素相对丰裕程度的差异，并由此决定了产业的生产要素相对价格和劳动生产率。区际贸易可以消除不同区域之间的商品价格差异，进而消除生产要素价格的差异，贸易的过程实际上是商品供求趋于平衡的过程。

要素禀赋理论认为，不同商品的生产需要不同比例的生产要素，而不同的国家或地区拥有不同的生产要素。各国在生产那些较密集地使用其较丰裕的生产要素的商品时，必然会有比较利益的产生。因此，每个国家最终将出口能利用其丰裕的生产要素的那些商品，以换取那些需要较密集地使用稀缺生产要素的进口商品。即一国应出口相对丰裕和便宜的要素密集型的商品，进口该国相对稀缺和昂贵的要素密集型的商品。要素禀赋理论认为相对要素丰裕和相对要素价格之间的差异是导致两国贸易前相对商品价格不同的原因。这种相对要素价格和相对商品价格之间的差异可以转化为两国间绝对要素价格和绝对商品价格的差异。这种绝对价格差异才是两国之间发生贸易的直接原因，要素禀赋理论的产生解释了比较优势，而并非像古典经济学家那样仅仅是假定其成立。

# 第二章
对现有分工理论的回顾与评价

要素禀赋理论的推理是建立在严格的假设基础之上的,他们首先将一般均衡分析的方法运用到了国际贸易研究领域,并且借鉴了杜能和韦伯的区位理论。该理论也主张自由贸易,认为按照要素禀赋条件进行区际分工和专业化生产有利于消除区域差距和提高贸易区域整体的福利水平。要素禀赋理论用全新的方法和体系对古典比较优势理论进行了诠释,为进一步的理论研究和实践提供了坚实的基础,西方经济学界称之为现代宏观国际经济学的开创。然而,现实检验却发现了与要素禀赋理论对立的案例,里昂惕夫对1947年美国200个行业按照出口产品和进口产品分类考察美国对外贸易结构时,却发现美国出口产品的资本密集程度低于其进口产品的资本密集程度,这一结论被称为"里昂惕夫"之谜。一些学者对这种对立现象进行了研究,他们认为可能要素禀赋理论中对"要素"的定义过于笼统,而现实中的产品包含的要素禀赋要复杂得多,例如,我们认为美国出口的某些产品是资本密集型的,但对与之进行贸易的国家来说可能是技术密集型的,所以,对要素禀赋在国际分工和贸易中的作用还要进一步进行研究。

二 产品生命周期理论

在要素禀赋理论之后,美国经济学家雷蒙德·弗农在1966年提出了产品周期理论,进一步拓展了比较优势和要素禀赋的范畴。在弗农那里,生产要素不但包括资本和劳动,还包括自然资源及生产技术的变化等。

弗农提出的产品周期理论特别强调技术在国际贸易中的作用。他侧重于从技术进步、技术创新、技术传播的角度来分析国际分工的基础。产品周期理论认为,当一种新产品刚刚诞生时,其生产往往需要高素质的劳动力。当这种产品逐渐成熟并为大众接受时,它就变得标准化了,就可以用大规模生产技术和素质较低的劳动力进行生产，从而原先生产该产品的发达国家所拥有的生产的比较优势就转移到拥有相对便宜劳动力的不发达国家。按照这一理论，科技最发达的国家出口大量高新技术产品，当外国生产者获得新技术后，他们就能凭借其较低的劳动力成本占领本国最终占领外国甚至技术发源国的市场。与此同时，最初发达国家的厂商更新产品和生产工序，出口那些包含新的更高级技术的非标准化产品，并进口那些包含旧技术的产品（Vernon，1970）。

产品生命周期理论不但更深入地阐释了国际分工的原因，而且对于产业的跨区域分布和转移作出了解释。然而，生命周期理论仍然有一定的局限性：(1)将理论建立在完全竞争市场、规模报酬不变、无交易成本等严格假定基础之上，使理论的应用范围受到限制。(2)受到当时生产条件的局限，从供给角度研究问题，突出成本优势，忽视了来自需求方面的要求等，更难以解释经济全球化发展的今天出现的一系列新型分工问题。(3)该理论仍是静态或比较静态的方法论性质，假定不存在技术进步或任何一种商品的生产函数在所有国家都是相同的，把不断变化的现实经济情况抽象为静止状态，因此，其研究结果具有较大的局限性。事实上，随着国际经济环境的变化，比较优势的内涵是不断发展变化的，即内生比较优势理论。萨克斯—杨小凯—张定胜模型证明，一国可能出口有外生技术比较劣势的产品，因为递增报酬的模式可以产生所谓的内生比较优势。

第四节　新贸易理论对产业内分工的解释

一　新贸易理论提出的背景

20世纪70年代以来，发达国家间贸易和产业内贸易比重的上

第二章
对现有分工理论的回顾与评价

升带来了新的国际分工与贸易格局，产业内贸易的发展，加速了各国间经济相互融合、渗透的过程，使得国家与国家之间的竞争日趋激烈。而以往的无论古典还是新古典分工理论都属于传统贸易理论，只能解释部门间（或产业间）的分工与贸易，因此，产业内分工与贸易的出现迫切需要新的研究理论对其做出更好的解释。而且各国发展迫切需要"如何在创造、培育和发挥贸易优势的过程中逐步形成了一种通过保护和扶持某些具有发展潜力的战略产业，创造和强化贸易优势，从而提高本国经济国际竞争力"领域的理论指导。20 世纪 80 年代后期，以克鲁格曼、赫尔普曼（E. Helpman）、格罗斯曼（G. Grossman）等为代表提出了战略贸易理论的观点，被称为区别于以往传统贸易理论的"新贸易理论"。

战略贸易理论学家们认为，传统贸易理论完全用国家间的差异，特别是他们生产要素禀赋的差异来解释分工与贸易，这便意味着国家间的相似性和贸易量存在着反相关的关系。而事实上，尤其 20 世纪中后期以来，世界贸易将近一半是在具有相似要素的工业国家之间进行的，同时产业内贸易也在不断增长。世界贸易的格局基本表现为，要素禀赋相似的国家或区域之间从事着产业内的相似产品的贸易（赫尔普曼等，1993）。现实的变化使传统理论无法做出合理的解释，新的区际分工和贸易理论应运而生。

二 新贸易理论的主要贡献

新贸易理论不是简单地推翻传统贸易理论，而是认为传统理论仍然是有生命力的，新贸易理论与之区别在于，它修正了传统理论中关于固定规模报酬的假定，为分析在一个规模报酬变化而且市场不完全竞争条件下的分工与贸易提供了一个研究框架。在此基础上，他们认为贸易的原因不仅是比较优势或要素禀赋，还有规模报酬递增收益。克鲁格曼认为要素禀赋差异决定着产业间

> **新型产业分工：**
> **重塑区域发展格局**

（或部门间）的贸易，而规模经济决定着产业内部的国际或区际贸易。新贸易理论对产业内贸易进行了深入研究，认为在不完全竞争市场中，由于规模经济的存在，在要素禀赋和技术发展水平等条件一致的国家或地区之间，也会产生同类产品之间的产业内贸易，而国家之间的相似性越大，产业内贸易所占的比重会越高。这一理论对于发达国家间和相似国家间大量兴起的贸易给出了解释。

在最初贸易格局的决定上，新贸易理论认为"历史和偶然"起到重要的作用，历史和偶然埋下了区际分工的种子，递增的规模报酬不断强化这种差异和分工。其中，高新技术的最先掌控对贸易格局的确起到至关重要的作用。在现代高科技时代，高科技产品具有明显的规模报酬递增性质及对传统产业的溢出效应，并且其相应的市场结构呈现垄断竞争的特点，这决定了国际竞争的全新性质，即一旦一国最先进入某一高科技领域，该国就可以利用规模报酬递增来获取更大的市场利润，进而形成强大的垄断势力，阻止他国进入该行业的市场。战略贸易理论认为，在市场竞争日趋激烈的新形势下，一个国家要在国际贸易中立于不败之地，获得更大的比较利益，需创造具有国际竞争优势的产业或产品，而这些产业或产品必须具备在未来市场上有国际竞争优势、技术含量高、出口前景看好的特点。

战略贸易理论是建立在不完全竞争基础上的，是不完全竞争贸易理论在政策领域的具体体现，其为国家进一步干预贸易活动提供了理论依据。在不完全竞争的现实社会中，在规模收益递增的情况下，必须扩大生产规模取得规模效益，而且要发展高新技术产业，提高产业或企业在国际市场上的竞争能力。这些观点决定了战略贸易理论在贸易政策领域的主张政府干预的特点。要扩大生产规模，仅靠企业自身的积累一般非常困难，对于经济落后的国家来说更是

第二章
对现有分工理论的回顾与评价

如此。对此,最有效的办法就是政府选择有发展前途且外部效应大的产业加以保护和扶持,使其迅速扩大生产规模、降低生产成本、凸显贸易优势、提高竞争能力。传统的贸易理论是建立在完全竞争的市场结构上的,因而主张自由贸易应是最佳的政策选择。但现实中,不完全竞争和规模经济普遍存在,市场结构是以寡头垄断为特征的。这种情况下,政府补贴政策对一国产业和贸易的发展具有重要的战略意义。而对于高新技术产业或新兴产业来说,它们所创造的知识和开发的新技术、新产品,将对全社会的技术进步和经济增长产生积极的推动作用,为了保护企业创造知识的热情,刺激企业的知识开发活动,扩大知识外溢产生的经济效应,就使政府补贴和扶持变得十分必要。不难看出,战略贸易理论的核心是强调政府通过干预对外贸易而扶持战略性产业的发展,是一国在不完全竞争和规模经济条件下获得资源优化配置的最佳选择。

值得一提的是,克鲁格曼将空间因素引入规范的经济学分析框架中。基于垄断竞争市场结构和收益递增假设,克鲁格曼把区位理论、区际分工理论、贸易理论与区域发展理论有效地整合在一起,形成了新经济地理学派。他把区域发展理解为一个在外部规模经济(市场外部性)驱动下的经济空间自我强化过程,在现实世界中,区域经济发展具有很强的路径依赖(石碧华,2006)。这些观点对于指导区域分工与发展有较大的理论和实践意义。

三 新贸易理论的历史局限性

战略贸易理论创造性地探讨了在不完全竞争和规模经济条件下,推行战略性贸易政策的理论框架,提出一系列有利于本国经济的战略性贸易政策。他们认为适当的干预政策对一国产业发展和贸易发展具有积极影响,并论证了在一定条件下一国能够通过采取哪些可给予其国内产业竞争优势的政策而获得利益。但其最明显的缺陷也在此。首先，由于该理论背离了自由贸易传统，认为政策干预可能影响市场的运行效果，主张通过政府的直接干预来转移他国利润从而提高本国的福利水平，因而遭到了许多批评。这些批评主要集中在战略贸易理论模型的运用上，批评者认为它实际上构成了现代贸易保护主义政策的理论支持，这在一定程度上制约着该理论在主流经济学中的地位。其次，战略性贸易理论依赖于这样的思想，即在特定的产业存在寡头垄断利润。如果政府能够干预寡头垄断生产者之间的产业均衡，将这些全球寡头垄断利润中更大的份额转移给本国生产者，该国就可以从干预中获利。但这些模型的假设与实际政策存在出入。例如，在其中一个主要模型中，假设政府通过出口补贴的方法，使寡头均衡向有利于本国的方向移动，但业已存在的抵消关税机制使这种政策难以实现，在钢铁产业的经验中可以得到证实（威廉·克莱茵，1986）。因此，模型的假设与实际形成脱节，致使其战略性贸易政策的功效大打折扣。最后，尽管战略性贸易政策在实践中确实可以起到扶持相应产业发展的作用，但它毕竟是一种以邻为壑的政策，其实施是以他国利益的牺牲为前提的，不符合经济全球化和世界经济一体化的发展趋势。

战略贸易理论，作为传统贸易理论的补充和发展，不仅在很大程度上解决了传统贸易不能解决的问题，从而使贸易理论更加贴近现实，并且解释了当时国际分工和贸易领域中区别于以往的产业内分工和贸易，改变了贸易政策选择的思维方式，使政策选择走出了比较优势的误区。然而，我们看到战略贸易理论是针对20世纪中后期国际分工和贸易状况提出来的，它必然受到历史的局限性，它的观点集中在对产业内分工和贸易的解释，而面对今天分工的继续深入发展，产业内分工发展到产业链分工的情况下，这一理论对现实的解释力将受到限制。

第二章 对现有分工理论的回顾与评价

第五节 竞争优势理论对分工与专业化的解释

一 竞争优势理论的来源

美国管理学家迈克尔·波特的国家竞争优势理论对于在国际分工格局中国家或地区的产业发展战略选择提出了新颖的观点和主张,对于区域分工与专业化发展有一定的指导意义。竞争优势理论是迈克尔·波特于 1990 年在其著作《国家竞争优势》中提出的。他带领由 30 多个国家研究者组成的调查小组,用了 4 年时间对丹麦、德国、意大利、日本、韩国、新加坡、瑞士、英国和美国等 10 个重要贸易国的 100 个行业进行了大量的调查研究,力图找到一个问题的答案:在国际贸易和竞争中,为什么一些国家成功而一些国家失败,为什么一国能在某个特定产业上获得长久的竞争力。波特认为,一个国家参与国际竞争实际上是综合国力的竞争,且综合国力并不一定在于整个国民经济,而主要看该国有没有一些独特的产业或产业集群。而影响一国或一个区域发展是否具有有竞争优势产业的关键因素来源于六个方面,它们相互作用形成了"钻石体系"模型。

二 竞争优势理论的主要内容

由六个因素构成的"钻石体系"模型和四个发展阶段是竞争优势理论的主要内容。波特认为,一个国家竞争优势的强弱从根本上决定了该国的兴衰,而一个国家的竞争优势也就是企业、行业的竞争优势,也即生产力发展水平上的竞争优势,包括六个因素:(1)生产要素。生产要素包括基本要素和推进要素。(2)国内需求。扩大国内需求有利于形成规模经济,提高产品的质量、档次和服务水平，也有利于在国际市场上取得竞争优势。（3）相关支撑产业。它是影响一国主导产业取得国际竞争优势、降低成本、提高质量和效率的重要因素。（4）企业的战略结构和竞争。外部环境与企业的竞争能力息息相关，企业必须不断更新产品、提高效率，才能取得持久、独特的竞争优势。同时，激烈的竞争环境还迫使企业走出国门参与国际竞争。（5）政府的作用。政府既应为企业，也应为社会创造一种公平的竞争环境。（6）机遇。机遇包括重要发明、技术突破、生产要素与供求状况的重大变动以及其他突发事件等。波特认为，上述六个方面的因素相互影响、相互作用，共同构成了一个动态的激励创新的竞争环境，由此构成一国国际竞争优势的源泉。在此基础上，波特把一国竞争优势的发展分为四个阶段，每个阶段的竞争优势产业也不相同。第一阶段是要素推动阶段，竞争优势表现为要素上的比较优势，包括低级要素和高级要素的成本优势；第二阶段是投资推动阶段，此时竞争优势必定要依靠雄厚的资本投入，扩大生产规模、更新设备，进行资本密集型生产；第三阶段是创新推动阶段，通过创新来提高技术水平、开发新产品，从而维持并不断增强比较优势；第四个阶段是财富推动阶段，在这个阶段，竞争优势有弱化的倾向，因为财富的积累容易让一国产生惰性，创新意愿和动力递减，经济增长的加速度也会随之递减，竞争优势便面临丧失的危险（Porter，1990）。

三　主要贡献与局限性

20世纪90年代以来，随着以信息技术、生物技术为主导的新技术变革的发展，世界产业结构发生了深刻的变化。竞争优势理论更符合当代产业结构调整和对外贸易发展的新特征：第一，竞争优势理论采用的是一种非均衡的动态分析和局部分析方法，以不完全竞争市场作为其分析的理论前提，从国家角度出发考虑怎样才能使

第二章
对现有分工理论的回顾与评价

一国在国际分工中占据更为有利的地位。第二，竞争优势理论除了考虑现实的利益，还考虑潜在的利益对比，考虑怎样才能使一国取得或保持竞争优势，以便从对外贸易中获取更大的利益。第三，竞争优势理论认为，竞争优势主要取决于一国的创新机制，取决于企业的后天努力和进取精神。第四，竞争优势理论涉及产业、企业，强调非价格竞争，更注重生产要素的质量及产品市场的需求档次。比较优势是由一国资源禀赋和交易条件所决定的静态优势，它只是获取竞争优势的条件。竞争优势是一种将潜在优势转化为现实优势的综合能力的作用结果。比较优势作为一种潜在优势，只有最终转化为竞争优势，才能形成真正的出口竞争力。但竞争优势理论在其内容和逻辑上并不是对比较优势的否定，而是对比较优势的拓展与深化。

波特在《国家竞争优势》一书中将竞争优势理论和区位理论结合起来，提出了产业集群的概念，但我们通过分析就可以看出，他所述的优势产业或产业集群本质上仍然属于国家或地区主导产业的范畴；他在国际分工和专业化影响因素的研究中提出了新颖的观点，并由此对于国家战略政策的调整作出了重要贡献，但是这种以主导产业为依据的国家或地区发展战略，依然是指导产业内或产品间分工的战略，并没有触及当前分工格局的新变化，即产业链分工的领域。

对分工进行的研究是以现实中分工的发生和发展为基础的，分工理论的特点与分工发展的阶段特征是密不可分的。从以上对现有分工理论的分析可以看出，古典和新古典理论对分工进行了较为全面的研究，他们分析分工的好处与代价、分工的影响因素、分工与经济增长的关系，并对分工进行类型划分等，但其目标是针对当时分工现象来研究的，因此，他们分析的是产业间的分工与贸易；新贸易理论基于当时的国际分工与贸易状况，分析的是产业内贸易。

他们认为同类产品的异质性是产业内贸易存在的重要基础，而规模经济收益递增是产业内贸易存在的重要原因，经济发展水平则是产业内贸易的重要制约因素，这些结论很好地解释了当时发达国家之间的贸易状况；竞争优势理论进一步说明了国家或地区如何通过发展主导产业培育竞争优势，并通过分工和贸易获取利益。这一理论在分工影响因素的分析方面做出了独到的解释，但其结论还局限于从产业内或产品间对分工和贸易进行研究。因此，现有理论大致解释分工发展的两个阶段：部门（产业间）分工和产品（产业内）分工，而对于目前分工发展的新阶段——产业链和模块化分工则需要进一步研究。

第三章

新型产业分工的类型、特征与效应

本章将从五个方面对新型产业分工进行论述。首先,通过对分工的演变过程与趋势的分析,说明当前新型产业分工产生的背景。然后,对新型产业分工的类型及特征进行分析概括。新型产业分工具有产业和空间双重属性,而其空间属性尤其重要,本章将在第三节对其空间属性进行重点论述,分析新型产业分工下的地区专业化特征;第四节着重论述新型产业分工的产业属性,即生产经营过程的各个环节分散到不同的区域进行后,区域之间通过一种怎样的方式进行产业关联,或分散的生产经营活动通过怎样的方式进行各环节的整合,从而达到整个产业链的沟通与运作。最后一节将对新型产业分工产生的效应进行分析,尤其是其空间资源配置作用对区域经济发展的影响与意义。

第一节 分工演变趋势与新型产业分工的出现

分工一直贯穿于人类历史的发展过程中,专业化又是与分工密不可分的另一方面。马克思把社会分工的过程看做专业化的实现过程,认为社会分工和生产专业化讲的是同一件事,不过社会分工是就活动而言的,专业化是就结果而言的。分工产生专业化,专业化则在组织上肯定分工(晓亮等,1979)。盛洪认为,专业化是一个人或组织减少其生产活动中的不同职能操作的种类,或将生产活动集中于较少的不同职能操作上,而专业化与分工是两个密不可分的过程。他在《分工与交易》一书中,始终将分工与专业化作为一个整体来论述,没有对它们的关系进行专门解释。他认为分工和专业化的发展就是近代经济史的主要特征,并把分工与专业化划分为五个阶段。按照历史顺序,分工和专业化程度的变化具体表现为五种不同形态的演进。第一种专业化形态是部门专业化,即马克思所说的一般分工,例如,人类历史早期的农业、手工业和商业的分工。第二种专业化形态是产品专业化,即以完整的最终产品为对象的专业化,例如,汽车、电视机等的生产。第三种专业化形态是零部件专业化,即个人或企业仅生产某种最终产品的一部分,例如,在汽车工业中,某些企业只生产发动机,甚至只生产发动机的一种零件。第四种专业化形态是工艺专业化,即专门进行产品或零部件生产的一个工艺过程,例如,专门进行铸造、锻造、热处理、电镀等工艺过程。第五种专业化形态是生产服务专业化,即直接生产过程之外的,但又为生产过程服务的那些职能专业化。

  盛洪描述的五种专业化形态可以归纳为与之相应的三个主要分工历程:第一是人类历史上最早的部门分工,也叫产业间分工,它形成部门专业化。第二是产品分工,也叫产业内分工,与之对应的是产品专业化;而零部件专业化和工艺专业化实际上是产业链分工所形成的结果,这两种类型的分工可归于产业链分工。第三是生产服务专业化,实际上其是贯穿于其他分工过程之中的,是产业链下游的服务环节。因此,可以将分工发展历程主要分为部门分工、产品分工和产业链分工三个阶段,这三个阶段的分工是不断深入和细化分解的过程。分工是一个由简单到复杂的演进

第三章
新型产业分工的类型、特征与效应

过程。在分工不断向前发展的过程中,伴随着社会生产率的不断提高。但是,分工只能是渐进的过程,而不是一下子从自给自足跳到极高的分工水平。许多经济学家一直在研究技术进步、知识积累与分工之间的内在联系,以及市场一体化程度和市场容量的大小与分工的关系等(杨小凯等,2000)。在分工的发展过程中,我们看到人口数量在不同的部门之间发生变动,例如,劳动力从农业部门向工业部门,再向服务业部门的转移,这实际上是分工演进过程的一种表现形式。

在经济发展的不同阶段,分工的演进都可以加速国家的经济增长,而当现有分工进一步演进的潜力被消耗殆尽时,国家之间的经济差距将缩小,新的分工方式可能出现。分工在进入近代史之前,已经经历了漫长的发展过程,但是在前现代,分工的发展异常缓慢,甚至在相当长的时期内没有明显的变化,只有到了近代以后,分工和专业化才得到突飞猛进的发展。到了 20 世纪下半叶,分工和专业化获得了世界性的发展,国际分工已经从部门和产品的分工,发展到了零部件专业化和工艺专业化的层次,许多产品是在若干个不同国家制造和组装起来的,而跨国公司的发展在另一种程度上实现着这种国际分工(盛洪,1992)。从当前经济发展来看,随着技术的进步、生产过程的可分性和产品的标准化程度的不断提高,市场体系在不断完善,各项经济往来渠道日益畅通,使得这种以产业链分工为主要特征的新型产业分工逐渐成为分工发展的一种趋势,并发挥着越来越重要的作用。

但是,新型产业分工并不一定存在于所有的产业领域。分工的演进在产业领域的发展中是不平衡的,从部门分工向产品分工的演进,农业就落后于工业,因为农产品的生产过程可分性较小,而工业生产过程的可分性较为突出。盛洪在其《分工与专业化》一书中,所谈的"生产分工与专业化更多地侧重于机械制造业,因为机械工业的产品有着较强可分解的特征,那些装置性产业,如冶金和化工,则缺少这一特征"。新型产业分工当前可能主要发生在制造业的某些领域,例如,机械制造业、电子信息产业等,在这些领域中,产业链分工占据了重要的地位,而其中的模块化分工则主要在电脑设计、信息技术及微电子等领域表现较为突出。

第二节 新型产业分工的类型与特征

新型产业分工是目前随着分工不断深入和细化而出现的以产业链分工为主要特征的一种新的分工形式。产业链由于不同环节对生产条件的要求不同,使得各环节的生产经营在空间上发生分离,而不同的区域根据自身的优势条件,承接产业链不同环节的生产经营活动,最终形成跨区域完整的产业链条。在新型产业分工的格局下,一个地区不需要构造完整的产业部门或生产一种完整的产品,而只要抓住产业链的某个环节,就可以发挥区域优势,形成核心竞争力。在研究分工时,区域和国家有一定的差异性。对于国家,尤其是像中国这样的大国来说,由于国内要素供给丰富,对于各种产品的需求量大,并考虑到政治、国防和安全等国内方面的因素,有必要建立相对完整的产业体系。而国内的区域则不同,由于区域要素供给种类、规模及禀赋等存在差异,在全国统一市场条件下各区域只要能在部分产业的发展上形成竞争优势,从而生产规模得以扩大,就能形成体现其优势的专业化产业(陈计旺,2001)。本书研究的新型产业分工中的区域指国内的区域。虽然,随着经济全球化的发展,很多区域在产业发展时要跨越国门与国外的一些区域分工协作,但国内区域的优势产业仍然是国家产业体系中最重要的组成部分。

第三章
新型产业分工的类型、特征与效应

一 新型产业分工的类型及其比较

新型产业分工的出现是分工发展史上的又一次变革,它表现出与以往的分工形式的较多不同特点。分工发展的第一阶段,部门分工或成为产业间分工,它是在农业、工业和商业之间的分工,因此形成了部门专业化,即马克思所说的一般分工,这一次分工的界限明确,比较优势理论和要素禀赋理论对这种分工做出了较好的解释;分工进一步向前发展,过渡到产品分工或产业内分工,即在同一产业内部由于产品的差别产生了分工和贸易往来,由此形成了产品专业化,产品之间的分工界限也较为清晰,新国际贸易理论主要通过规模经济等要素的引入对其进行了解释。

当前出现的新型产业分工,主要以产业链分工的形式表现出来。产业链由不同特性的环节构成,各个环节按照不同的要求,可以将其生产活动分散到不同的区域进行。这些环节虽然同属于一种最终产品,但它们作为中间产品又具有自身的特点,属于各自的产业领域,于是便形成了区域的功能专业化(Duranton 和 Puga,2002)。这一次分工是发生在产品的设计、生产制造、营销服务等环节的分解之上的,一方面它是产品间分工的进一步深入和细化,另一方面它又跨越不同产业,而不仅仅是分工向产品内的纵向深入,还伴随着分工的水平扩展,例如,产业链的上下游可能跨越制造业、服务业,甚至第一产业也参与其中,而各环节的生产经营活动又会水平扩展,形成同业竞争合作的局面。模块化分工可以作为产业链分工的一种特例,因为模块首先是产业链的一个环节,它是产业链纵向分解的产物,其次它更能适应分工进一步深化的要求。杨小凯等认为"随着分工的演进,信息将更加分散地分布于不同的专业中,信息不对称程度与分工一同增长,分工的演进可能强化竞争,并使竞争模式越来越复杂"(杨小凯等,2000)。因此,模块这种半自律系统,本身可以独立运作,它不但可以达到更高的标准化要求,而且在信息的保密性能方面比产业链的一般环节要优越得多,可以说模块是产业链分工在某些产业领域的进一步完善。对新型分工类型的归纳以及与其他分工形式的比较见表3-1。

表3-1 新型产业分工的类型及比较

分工类型	新型产业分工		传统产业分工	
	产业链分工	模块化分工	部门分工	产品分工
专业化形式	功能专业化	功能专业化	部门专业化	产品专业化
分工特点	按产业链的不同环节、工序进行	对产业链的不同环节和工序模块化,形成模块间分工	在不同产业之间进行	在同一产业不同产品之间进行
产业边界	弱化	弱化	清晰	较清晰
分工模式	混合分工	混合分工	以垂直分工为主	以水平分工为主
空间分异	产业链的不同环节、工序在空间上的分离	产业链不同环节和工序的模块在空间上的分离	不同产业在空间上的分离	同一产业不同产品在空间上的分离
理论基础	资源禀赋和技术水平差异、规模经济等	资源禀赋和技术水平差异、规模经济、标准化要求等	地区比较优势或资源禀赋差异等	产品差别、消费者偏好差别、需求的重叠、规模经济等

资料来源:参考魏后凯(2007)绘制。

二 新型产业分工的主要特征

在以上对新型产业分工类型的归纳及其比较分析的基础上,可以发现,新型产业分工主要有以下三方面的特征。

第三章
新型产业分工的类型、特征与效应

1. 新型产业分工是分工程度不断加深的结果

产业链分工首先表现为垂直分工程度的加深,由于技术的进步以及市场条件的不断完善,产业链从上游到下游不断向纵深方向发展,将研发、设计、原材料加工、中间产品生产、制成品组装、销售、服务等多个环节进行垂直分解,分散到不同企业和区域进行;同时,产业链分工还表现为水平方向的扩张,即在同一区域内或相同环节上企业数目不断增多,形成更多企业之间激烈的竞争与合作态势。因此,可以认为产业链分工是垂直分工与水平分工相结合的混合分工形式,随着生产迂回程度的加深,产业链条不但加长,而且宽度也不断加大。产业链的基本环节构成见图3-1。

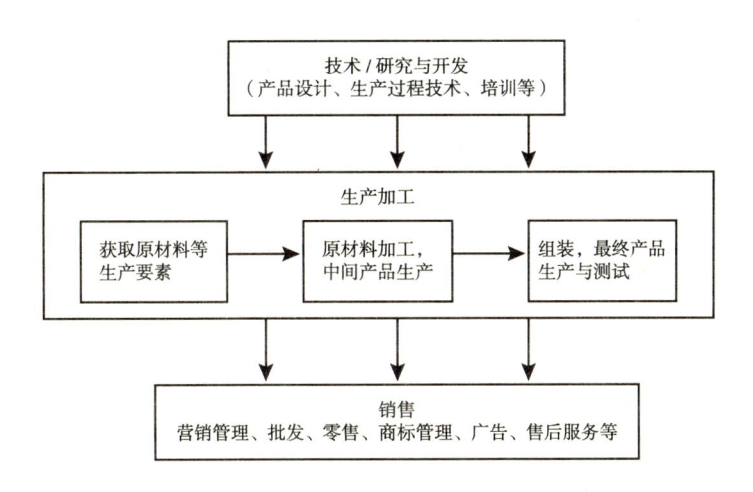

图3-1 产业链的各组成环节

资料来源:贺灿飞(2005)。

世界产业发展的过程伴随着产业内部结构的不断分化与调整,当制造业发展到较高阶段时,生产经营效率提高的要求必然促使企业加快生产过程的分工,产业链环节的专业化与精细化不断加深,制造业内部开始分离出与之紧密相连的服务经济形态,即为追求效率而进行的产业内部分工；同时，由于市场竞争的不断加剧，企业同类产品的利润率会呈现下降的趋势，迫使企业转向核心竞争力的塑造，将非核心业务去除或外包，以差异化竞争保持特定的客户并获取利润。而随着信息技术进步等带来交易成本的降低使企业服务外包和外购变得更为容易。

2. 新型产业分工具有生产经营环节纵向分离与专业化集中相结合的特征

新型产业分工使分工的产业和空间两种属性特征更加明显。一般来说，产业链各环节所要求的生产条件相差较大。例如，产品的研发环节要求的主要是受过高等教育、具有专业技术和首创精神的科技人员，宽松自由的组织环境和鼓励创新、提倡独立思考的企业文化；产品的装配环节需要大量的普通和技术工人、严格的劳动纪律、全面质量管理和成本控制；销售和售后服务环节则要求商务设施健全、信息基础设施优越、金融保险等业务充分发展、市场区域开放程度较高等。由于各地区的要素禀赋不同，地区的区位优势主要体现为产业链某一特定环节的优势，因此，企业就可以根据所处环节的需要将其生产经营活动安排在适当的地区进行。如果把企业活动的各个区位都看成是一个地区，那么，在极端的情况下，产业链的每一环节都可分布在不同的地区，如图3-2中"▲"所示。然而，在现实经济中，企业可能会在多个不同地区进行产品的研发和生产制造，而在全球范围内销售其产品，开展售后服务。某些密切相关的产业配套或关联活动也可能在同一个地区，如图3-2中"△"所示。由于产业链各个环节企业根据其所需条件，选择不同的区域进行生产经营，并且生产经营条件要求相似的环节可能会在一定的区域逐渐集中。因此，产业链分工一方面具有跨区域纵向分离的特征，另一方面产业链分工可能表现出区域专业化生产的特征。

第三章
新型产业分工的类型、特征与效应

产业链	区 位								
	A	B	C	D	E	F	G	H	I
企业总部	▲								
R&D	△	▲							
产品设计	△		▲						
原料采购				▲	△				
零件生产				▲					
装　配			△			▲	△		
成品储运				△		△	▲		
市场营销	△							▲	
售后服务	△		△		△		△	△	▲

图 3-2　产业链环节区位分布示意

资料来源：魏后凯（2006）。

3. 新型产业分工具有跨产业融合的特征

分工一方面促使生产经营的专业化程度不断提升，另一方面分工细化必然带来的频繁协作却促进了更大范围的产业融合。即世界产业领域分工专业化与产业融合化两个反方向发展的趋势，导致许多新兴业态的产业属性不明确，既具有服务特性又包括一些生产环节，而且跨产业或行业的生产经营活动日益频繁。

产业链是一种建立在价值理论基础之上的相关产业集合的新型空间组织形式。这种产业集合由围绕服务于某种特定需求或进行特定产品生产（及提供服务）所涉及的一系列互为基础、相互依存的多个产业构成（李靖等，2007）。一条完整的产业链包括研发、设计、采购、原材料加工、中间产品生产、制成品组装、销售、服务等多个环节，它不但涵盖技术和生产的多个过程，而且扩展到服务业等多个领域，即产业链本身具有跨产业的特征。而产业链分工运作，不但要求不同环节选择优势区域进行独立的生产经营，更强调链条上的各个环节不断地进行沟通与协作,最终完成整个链条生产与服务活动,创造整体的竞争优势。因此,产业链在其分工合作的过程中进一步促进了跨产业的融合。分工深化必然造成产业链环节数目的增多,但为了完成一项服务或提供中间投入,不同环节之间的协作却更加频繁,环节间的业务延伸、属性交叉难以避免,因此对处于某些环节的企业来说,很难界定其产业属性。例如,一方面,随着服务产品的标准化和可存储化,发展壮大的研发企业很容易向下游拓展业务,逐渐延伸到服务产品制造、广告营销等领域;另一方面,专业化分工带来的经营管理的变化以及高新技术的渗透,还会导致产业内部出现业务重组,甚至派生出跨产业的新经济形态,进一步加剧了产业融合。随着服务业生产活动的逐步高端化,产业融合程度也会加深,加上企业网络化运作范围的扩大,产业间的界限会越来越模糊。

产业链的运作过程可以分解为一系列互不相同但又相互关联的经济活动,由于这些生产活动包括不同的产业,可能跨越区域内部的产业领域,使得整个链条在空间上表现为一定的超区域性,即某一产业既可以与区域内部的其他产业形成产业链,也可以与区域外的其他产业形成产业链。如果某一产业足够强大,区域内部的产业链已经不能满足其发展的需要,该产业就可能将目光投向区域外,寻求加入区域外的产业链中去,这时,它便从属于更高一级的产业链,由此形成了更大地域范围的跨产业融合。

第三节 新型产业分工下的地区专业化

分工与专业化是一个事物的两个方面。有什么水平的分工,就对应什么程度的专业化。本节探讨在新型产业分工条件下,地区专业化呈现的特点,以及这种新型的地区专业化形式和传统分

#第三章
#新型产业分工的类型、特征与效应

工下所形成的地区专业化形式有何不同,进而探讨它的意义所在。

一 新型产业分工下的地区专业化特点

分工的发展带来了产品多样化和地区专业化。产品多样化满足了人们需求的丰富性,提高了消费者的效用水平。地区专业化则可以发挥地区资源优势,共享区域的各项生产条件,提高生产效率。

地区专业化(regional specialization)就是"各区域专门生产某种产品,有时是某一类产品甚至是产品的一部分"(列宁,1960)。地区专业化是生产专业化的空间表现形式,是劳动地域分工不断深化的结果。随着劳动地域分工的不断发展,"不同的地区、地点、企业的职能向不同的方面发展,作为当地的自然、民族、历史等条件下形成的经济特点的补充"(萨乌什金,1987)。地区专业化生产,一方面使各地区按照自身的资源禀赋和市场需求进行专业化生产,带来明显的经济效益;另一方面,地区专业化有利于发挥机械化的效力,便于加强经济管理,提高劳动技能和劳动素质,广泛开展资源综合利用,充分利用规模经济和集聚经济,从而为最大程度的提高劳动生产效率提供可能(魏后凯,1995)。

地区专业化是与区域产业分工相对应的。如前所述,地区专业化在区域产业分工的三个阶段分别表现为:第一个阶段为部门(或产业间)分工,与之相应的是部门专业化;第二阶段为产品分工(或产业内分工),形成了产品的专业化;第三阶段是新型产业分工——产业链分工,地区专业化呈现新的特点。在产业链分工的条件下,不同的区域将根据自身的优势特点,将产业链的环节进行专业化,从而形成特定的功能区域。借鉴国外一些学者的研究成果,称之为"功能专业化"。地区专业化表现为功能专业化,主要有以下两方面的特点。

新型产业分工：
重塑区域发展格局

1. 功能专业化是对产业链的零部件或者工艺等生产或服务环节的专业化

功能专业化与部门专业化、产品专业化有着明显的区别，功能专业化对应的不再是一个完整的部门甚至产品，它只是形成最终产品的某个环节或阶段的专业化，由于不同的环节对发展条件有特定的要求，因此突出表现为承接不同环节的区域专业功能的深化。例如，广东省的专业镇，从大的范围来看，许多镇都在生产同一种最终产品，而实际上这些镇之间各有分工，一个镇只生产某种产品的一个部分甚至一道工序，它们各自完成不同的工艺环节，并形成了一定规模的集聚，使得专业镇的特定生产功能得以实现。

2. 功能专业化加深了区域或城市之间的分工与合作

产业链分工的深入，集中体现为地区专业化程度的提高。由于不同的地区有各自的资源、市场等优势特征，而产业链的各环节又对生产经营条件的要求不同，这两方面的结合将加深地区功能的专业化，提高劳动生产率和区域产业的竞争力。从理论上来说，产业链从研发、产品设计、原材料的采购、零部件生产、装配、成品储运、市场营销到售后服务，每一个不同环节都要选择在具有优势条件的区域进行。在这种情况下，不但大的区域之间呈现明显的产业链分工特征，而且在一些地区如大都市圈内部也将按照产业链不同环节形成新型分工格局。例如，在大都市圈内，大都市中心区着重发展公司总部、研发、设计、培训以及营销、批发零售、商标广告管理、售后服务等，由此形成两头粗、中间细的"哑铃型"结构；大都市郊区和其他大中城市侧重发展高新技术产业和先进制造业，由此形成中间大、两头小的"菱形"结构；其他城市和小城镇则专门发展一般制造业和零部件生产，由此形成中间粗、两头细的"棒型"结构（见图3-3）。

功能专业化是地区专业化发展的新阶段，它体现出地区专业化

第三章
新型产业分工的类型、特征与效应

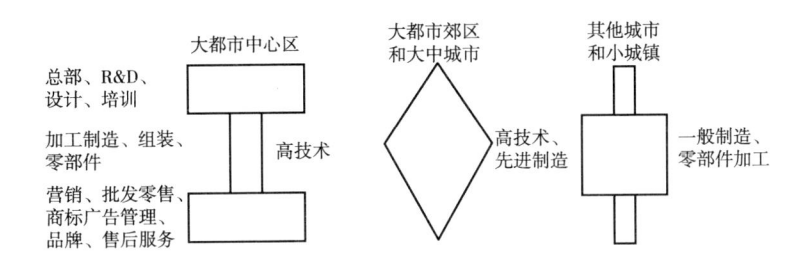

```
大都市中心区          大都市郊区              其他城市
                     和大中城市              和小城镇
总部、R&D、
设计、培训
                                          
加工制造、组装     高技术    高技术、          一般制造、
零部件                     先进制造          零部件加工

营销、批发零售、
商标广告管理、
品牌、售后服务
```

图 3-3　大都市圈内的产业链分工体系

资料来源：魏后凯（2007）。

程度进一步加深的特点。然而，在新型产业分工的前提下，要形成地区功能专业化必须达到一定的要求：第一，地区专业化生产的产业链某个环节或工艺阶段的产品，必须超过当地的需求量而达到输出区外进行区际联系与交换的程度。第二，专业化生产所节约的劳动量，应大于因产品进行交换而增加的劳动量，这是一个根本的前提条件，换言之，专业化产品的生产成本与交易成本之和，必须小于一体化条件下生产同类产品的成本。只有这样，专业化生产在经济上才能成立，进而才能逐渐形成较稳定的专业化功能区域。

二　功能专业化对地区产业结构的解释

产业结构是指经济活动中各产业的类型及其相互间的比例关系。地区经济的发展与产业结构是密切相关的，而现代经济发展比以往任何时候都更加注重生产专业化的确定，从而使结构效益上升到十分重要的地位。在论述产业结构之前，先对"产业"作一解释。在汉语中，"产业"概念的外延要比"工业"概念广，产业在现实生活中可以被称为行业、部门、实业、工业、不动产等。在产业经济学和产业组织学中，虽然对产业的概念有不同的表述，但基本含义是生产同类商品或提供同类服务的一群生产经营单位或厂商的集合（张余文，2005）。在本书中，由于新型产业分工涉及部门、产业、产品,甚至到零部件和工艺等中间产品的概念,为了在论述产业结构时方便起见,将其统称为产业,因为无论产品或者中间产品的集合,它仍然具有产业经济学所称的同类产品或服务的特征。

产业结构与产业分类是密切相关的,即产业结构是针对一定的产业分类来说的。例如,在马克思的两大部类产业分类基础上,产业结构的合理性是指生产资料和消费资料比例关系的协调;在三次产业分类下,产业结构是指农业、工业和服务业部门的比例关系;同理,从统计角度对产业进行两位数、三位数等分类的情况下,产业结构就变成行业结构的描述了。也就是说,对于产业结构的解释,因产业分类的不同而不同。自20世纪90年代以来,我国地区产业结构趋同的问题引起了国内学术界广泛的重视,对此进行讨论的文章比比皆是,大都认为,当前我国地区产业结构普遍出现了雷同的趋势,即地区在产业发展过程中,对产业类型的选择趋于相同,甚至大多数地区所确定的主导产业也基本相同,许多学者认为这种情况是区域产业的分工与专业化的弱化,产业结构的雷同造成了恶性竞争,导致重复建设、资源的浪费和效率的损失等。但是,如果我们从产业分类的角度来看,他们对我国产业结构趋同做出判断依据的是联合国产业结构相似系数的公式,而代入的是国民经济统计中的两位数产业分类数据,也就是说,他们判断的结果是39个行业之间的趋同。显然,这种产业结构趋同的判断是建立在部门(或产业间)分工基础上的,在产业内分工和产业链分工成为区域产业分工形式的情况下,其判断结果所代表的意义就不大了。

我国学者陈建军以长江三角洲为例,将不同的分类数据代入结构相似系数公式,测算了地区间产业结构趋同状况。表3-2是从二次产业内部的大分类层面进行计算分析的结果,得出的是工业部门的产业结构相似系数,即产业同构状况维持在一个较高的水平

第三章
新型产业分工的类型、特征与效应

上。但是,把研究推进到更细分化的产业分类层面——主要产品层面,问题就不像我们想象的那么严重。表 3-3 是浙江和上海、浙江和江苏的主要产品的相似系数,该产业相似系数是以各测算产业的主要产品产量指标为依据测算出来的。从计算结果可以发现,在主要产品领域,浙江和上海、浙江和江苏的产业同构问题并不严重,如果进一步细化产品分类,相信相似系数还会进一步降低(陈建军,2004)。

表 3-2 浙江、上海、江苏工业部门结构相似系数

年份	上海/浙江	上海/江苏	浙江/江苏
1988	0.86	0.92	0.97
1989	0.86	0.92	0.97
1990	0.86	0.90	0.95
1991	0.80	0.87	0.97
1992	0.78	0.86	0.97
1993	0.72	0.81	0.95
1994	0.73	0.82	0.95
1997	0.73	0.82	0.97
1998	0.74	0.85	0.96
2000	0.74	0.86	0.91
2001	0.70	0.84	0.93
2002	0.70	0.84	0.91

资料来源:陈建军(2004)。

表 3-3 2002 年浙江、上海、江苏主要产业的产业相似系数

主要产品	浙江/上海	浙江/江苏
纺织	0.66	0.73
化工	0.61	0.85
黑色家电	0.34	0.68
白色家电	0.47	0.79
机械	0.69	0.69

资料来源:陈建军(2004)。

新型产业分工：
重塑区域发展格局

对于地区产业结构的判断，应该依据区域产业分工的发展状况，选择合理的统计分类数据进行。衡量部门分工的情况，运用行业数据进行判断；衡量产业内分工的情况下，就要运用能表现产品分类的数据；而在产业链分工的情况下，必须有对中间产品进行分类的统计数据，才能对地区产业结构做出判断。我们可以看到，在用行业数据进行判断得出地区产业结构趋同时，运用产品数据所显示的结果可能地区产业结构就不再趋同，而地区产业结构表现出产品分工雷同的趋势时，实际上地区之间可能却进行着更深入的产业链分工，并且地区功能专业化程度在不断地提高。

在产业链分工的情况下，区域之间的产业分工表现为产业链各环节的分工，即一个产品的设计、生产以及销售等过程中所包含的不同环节、工序和模块分散到不同区域进行，由此形成地区功能专业化。在功能专业化的情况下，地区产业结构不再是产业部门或最终产品的结构，而是不同生产或服务环节之间的比例关系，因此，在部门和产品结构趋同日益严重的情况下，区域产业分工和专业化可能同时在不断地深化。杜兰顿和蒲伽（Duranton 和 Puga，2002）的研究结果表明，近年来美国城市的部门专业化在不断弱化，即出现了产业结构趋同的趋势，而其功能专业化则在逐步提高，城市间的产业分工在进一步深化（见表3-4）。也就是说，大城市的经营管理职能在不断加强，而中小城市的生产制造功能在逐步强化。

我国在长江三角洲、珠江三角洲、环渤海等一些较为发达区域也出现了新型产业分工和功能专业化的现象，例如，珠江三角洲的"一乡一品"的专业镇，长江三角洲以上海为核心的大都市圈分工，京津冀内部一些产业也出现了产业链环节的分工等。但由于我国统计数据可获得性的限制，对这些新型区域分工现象的证明只能通过选择个别区域或产业进行小样本或案例等研究，很难做出统一的衡量测算。

表3-4 美国城市的部门专业化和功能专业化

人口	部门专业化			在管理和生产方面的功能专业化			
	1977年	1987年	1997年	1950年	1970年	1980年	1990年
5000000~19397717	0.375	0.369	0.348	+10.2%	+22.1%	+30.8%	+39.0%
1500000~4999999	0.287	0.275	0.257	+0.3%	+11.0%	+21.7%	+25.7%
500000~1499999	0.352	0.3385	0.324	-10.9%	-7.8%	-5.0%	-2.1%
250000~499999	0.450	0.4095	0.381	-9.2%	-9.5%	-10.9%	-14.2%
75000~249999	0.499	0.4675	0.432	-2.1%	-7.9%	-12.7%	-20.7%
67~75000	0.708	0.6925	0.661	-4.0%	-31.7%	-40.4%	-49.5%

注：表中的部门专业化为基尼系数，按两位数 SIC 制造业部门计算。其计算公式为 $\frac{1}{2}\sum_{h}|s_h - \bar{s}_h|$。式中 s_h 和 $\bar{s}_h$ 分别代表地区和全国部门 h 的就业份额；功能专业化为各地区每个生产工人拥有经营管理人员与全国平均水平的百分比差异。

资料来源：Duranton 和 Puga（2002）。

第四节 新型产业分工下的产业关联

在新型产业分工的情况下，产业链不同环节或一些模块可以分散到不同的区域进行，但是产业链要联通各个环节，形成最终产品或服务，这些分散的环节之间必须通过一定的关联方式来整合，才能发挥产业链整体优势。在以上对产业链分工和专业化进行论述的基础上，本节将探讨分散到不同区域的产业链环节之间的关联情况。

一 新型分工条件下的产业关联形式

在新型分工的条件下，生产经营各环节间的产业关联方式灵活多样，因不同的产业和地区而不同，概括起来主要有三种类型：企业内部关联、市场关联以及介于它们之间的网络化关联。其中，网络化关联是最重要的形式。

1. 企业内部关联

产业链具有两种属性，即空间属性和所有权属性。空间属性是指产业链各环节的地理分布，所有权属性是指产业链的环节归哪个企业所有（李晓华，2005）。通过企业内部交易实现产业关联的方式目前还是大量存在的。从产业组织的空间分布来看，产业链各环节呈现"大区域分散，小区域集聚"的特征（张辉，2004），但是，这些分散的环节却属于一个企业所有，它们根据生产环节的需求分散到不同地域上进行，但是通过企业内部交易的方式实现产业关联。这种企业内部交易实际上属于垂直一体化的范畴，即产业链上参与商品或服务的两个或两个以上连续生产或销售阶段集中在一个企业内部完成。张裕葡萄酒公司就是通过企业内部交易进行各阶段生产和关联的，它拥有自己的葡萄种植园，自己负责葡萄酒的酿造，并且自己将产品销售到市场，整个过程是在企业内部一体化进行的。从全球范围来看，企业内部交易是跨国企业全球投资战略的一种方式，在这种情况下，产业链各个环节在产权上属于一个跨国公司，只是在空间上产生了分离。

垂直一体化的大型企业在19世纪末开始出现，并且在相当长的时期内成为美国、德国、英国等西方发达国家大型企业的主要产业组织形式，广泛出现在钢铁、汽车等产业领域。通过企业内部交易来实现产业关联的方式有其存在的优越性，例如，交易方式在企业内部完成可以克服市场交易的不稳定性，实现投入—产出的合理性与匹配性等。但是，垂直一体化的方式由于内部管理成本过高而容易出现"大企业病"，即规模庞大，机构臃肿，协调环节繁琐，效率降低，适应市场的能力减弱等。20世纪80年代特别是90年代以后，越来越多的企业（包括汽车、电子等行业的跨国企业）将原来在企业内部的许多功能分离出去，推向市场或外包给专业化的生产厂商，而自己则专注于更擅长的环节，即产业组织领域出现

第三章
新型产业分工的类型、特征与效应

了垂直解体的趋势。目前来看,通过企业内部进行交易的一体化方式主要存在于一些特定的产业里,例如,生产过程存在连续性的冶金、铸造等行业,或者企业内部协调成本较低的初级加工制造业等。

2. 市场交易

与企业内部交易相对应的是市场交易。通过市场机制来维系产业关联的方式表现为各生产经营的投入—产出通过市场交易来实现。这种完全市场化关联方式的实现首先要建立在完善、有效的市场体系下,而且必须对于特定的产业领域才较为适合。从目前来看,对于部门之间或产品之间的交易关联,直接通过市场来实现的较多,例如,工业与农业的产业关联,主要通过市场建立起工业所需的农产品、劳动力等农业剩余和农业生产消费所需的工业品之间的最终供给和需求。

对于新型分工下的产业链各环节之间的关联,如果完全通过市场来完成,即产业链各环节不但在地域上呈现分散状态,而且各生产经营阶段都分属于不同的企业,这种情况比较少见。因为,产业链各环节的生产不像部门或产品之间那么容易完全分离和独立,而实现最终产品或服务必须依赖于各个生产经营阶段从上游到下游之间的密切分工与协作。并且,产业链不同阶段生产的只是中间产品,拿到市场上进行交易时不但受到标准化程度和接口的匹配性等技术方面的限制,而且市场本身的风险性也给企业的生产带来极大的不确定性。产业链的一般环节在市场上的交易程度较差,即使到了模块化阶段也做不到彻底的市场交易。在产业链分工下,进行市场交易的只能局限在实现了标准化的一些生产环节或工艺阶段。

3. 网络关联

在企业和市场之间事实上并不存在一条清晰的界线,而是大片模糊的中间地带。在当前的产业关联方式中,完全通过企业内部交易和市场交易来建立联系的情况并不多见,更多的是介于企业和市场之间的各种关系组合,威廉姆森等将这种模式称为介于市场和企业科层间的混合模式,这种混合模式也被称为"网络组织"或"企业网络"。对于网络的定义较多,我国学者罗仲伟(2000)认为,网络是以专业化联合的资产、共享的过程控制和共同的集体目的为基本特征的组织管理方式。陈守明(2000)将企业网络定义为:由一组自主独立而又相互关联的企业,依据专业化分工和协作建立起来的,一种具有长期的、有指向的、企业间的组织联合体。刘东等(2003)认为企业网络是由企业之间多边准市场协调契约或超市场契约关系所形成的多维向量体系。李晓华(2005)在对产业组织网络化的研究中,认为网络就是指企业之间形成的介于企业与市场之间的一种交易与合作关系,网络的参与者在一段较长的时期内保持稳定,并且在他们之间存在频繁的商品和服务的买卖以及信息、知识和技术交流。产业组织在垂直解体后,更多的是形成网络化的组织形式,即通过外包、转包、特许经营等一些合同契约的形式形成企业间各种关系的联合。

二 网络关联的特征

1. 网络关联的类型

根据产业链各环节上企业所处的层次,以及它们之间的关系,可以将网络关联分为水平网络关联和垂直网络关联。水平网络关联是指网络中的企业处于产业链的同一环节,生产相同或相似的产品或服务,在同一层次上展开合作和竞争。垂直网络关联是指网络中的企业处于产业链上下游的不同环节上,生产各不相同且互相作为投入—产出的产品或服务。产业链分工的网络关联主要指这种垂直网络关联,产业链各环节专注于某一特定领域,彼此之间形成分工协作的上下游关系。

第三章
新型产业分工的类型、特征与效应

在垂直网络关联中,相互关联的企业由于所处的地位不同,它们之间主要形成了三种类型的关系(Gereffi,1999[①])。(1)控制型。控制型关联主要是由大企业垂直解体形成的,领导厂商决定产品的要求,供应商则提供个性化中间产品或服务。领导厂商会在设计、物流、配件购买、技术升级等方面向供应商提供大量的支持,而供应商需要进行资产专用性的投资,并被限定在较小范围的特定产品生产上,从而形成小型供应商对大型购买商的依附关系。这种控制型关联主要是通过分包、转包等方式形成灵活且较为稳定的契约关系,以日本的下包制最为典型,尤其是在汽车产业的零部件配套生产中普遍存在。(2)关系型。与控制型关联中的领导权威治理不同,关系型网络更多的是依靠网络参与者之间的社会关系,如信任、声誉等非正式关系来达成长期合作关系,主要发生在传统的制造业领域。意大利产业集群内部的关系网络是典型的例子。(3)模块型。在通信设备、电子制造业领域,随着产业链环节的垂直分工日益深化,各阶段的制造商更加集中于核心专业化的领域,而将其他部分大量剥离,因此,从企业内部生产向外包制转化变得非常剧烈。大量的外包同时也带来一系列的问题,如技术保密性与标准化、通用性之间的冲突等。模块化生产所具有的特点,在一定程度上解决了这些问题。在模块化生产网络中,品牌企业(brand name firm)在企业内部保留产品战略、产品研发、功能设计、外形设计、原型制造、营销等活动,而将过程研发、为制造进行的设计、零部件购买、制造、测试、包装等独立的环节完全交给供应商来完成。因此,供应商在与品牌厂商需求保证配套的前提下,可以进行独立的研发等活动,激发了创新投入而使得所提供的

[①] Gereffi 将产业链治理模式分为五种情况,分别为市场型、模块型、关系型、控制型和科层型,其中模块型、关系型和控制型属于介于市场和科层之间的网络治理模式。

产品具有较大的灵活性和适用性。模块化是针对特定产业领域的要求，对产业链环节之间关系的进一步完善。

2. 网络关联的主要特征

产业链是诸多企业通过网络关联而形成的一个有序集合。产业链的最基本特征是存在大量的上下游关系，即在一条产业链上，上游环节和下游环节之间存在交换关系，上游环节向下游环节输送产品（可以是有形的物质产品，也可以是技术和服务等特殊商品），下游环节向上游环节反馈价值。产业链各环节之间通过网络关联建立的分工合作关系，具体有四方面的特征：（1）与企业直接通过市场进行交易的关系不同，产业链中的企业间是一种长期的战略协作关系，涉及从供货到核心业务领域内的多项合作；（2）与企业内部的纵向一体化不同，产业链各环节上的企业是独立的，产业链的运作是独立企业间的联合与协作；（3）与各种松散的企业联盟不同，产业链中的企业联合是在生产领域中不同环节上的分工协作，在各方承诺的关键性领域中能像单一的公司那样运作；（4）与一般的供应链不同，它是在特定区域内形成的相关企业的集合，同区域发展与政策导向紧密相关（蒋国俊等，2004）。

产业链各环节之间特有的网络关联方式使它具有一体化企业和单体企业不可比拟的优势，它们在整个链条中具备了信息共享、战略协作和合作竞争三个基本要素。由于市场需求信息的共享，产业链在各个环节上就可以保证价值流、资金流、信息流和服务流的通畅，信息共享能降低在各个环节的延迟时间，消除市场信息的扭曲、变型及放大效应，使各环节得到的信息较为一致，共同响应市场需求的变化，对供应商、生产商和用户企业提出的要求及时反应并做出调整，为一个共同目标而行动。所以，产业链上各企业面对市场需求变化可以同时采取相应的战略行为，用覆盖整个链条的决策系统代替缺乏柔性和集成度差的单体决策体系，各企业与供应商

第三章　新型产业分工的类型、特征与效应

和经销商以及用户在更广阔的市场范围内建立"合作—竞争"的战略关系，结成利益共同体。

第五节　新型产业分工的效应分析

新型产业分工作为一种有效的空间资源配置方式，它一方面可以直接产生经济利益，提升跨区域更大范围的资源配置效率，促进区域间新型关系的建立；另一方面，由于地区间存在资源、人才、技术等优势的差异，新型产业分工可能加剧区域间利益分配的不均衡状态，即带来一定程度的负面效应。以下在对分工的经济性和不足进行总结的基础上，进一步对新型产业分工的效应做出分析。

一　分工的经济性与不足

分工的经济性是指分工带来的好处。分工作为一种生产方式，它的发展可以产生地区专业化和产品多样化两方面的福利增进。关于分工的好处，在一些经济学著作中已作了大量的论述，主要有以下几个方面。

1. 分工能直接提高劳动生产率

分工将复杂的劳动分解为简单的甚至机械式的操作，使得劳动者的工作在既定的技术水平下变得较为简单，劳动生产者越来越将其生产活动集中在较少的操作上，不但节约或减少了因经常变换工作或生产活动中的不同操作而损失的时间，而且由于集中在较为单一的操作上，劳动者能够较快地提高其生产的熟练程度，从而提高劳动生产率。同时，企业的专业化也降低了管理工作的复杂程度，从而提高企业的管理效率。

2. 分工和专业化可以促进技术的进步

分工的发展使人们将注意力集中在更窄的生产领域中，因而能够较容易地产生技术创新。另外，分工的发展使得劳动者的操作越来越趋向于简单和单调的重复，为采用机器生产代替人工制造提供了条件，而且大批量的生产为采用高效率的机器设备提供了前提条件。

3. 分工促进了迂回生产方式的发展

迂回生产方式，即人类的生产活动将资源投入到对生产资料的生产上，而不直接投入到对消费资料的生产上。这种迂回生产方式反而使消费资料的生产有更多的增长。杨格把这种由于分工引起生产链条的加长，迂回程度提高而带来的生产率提高称之为迂回经济。

尽管可以从各种角度来论述分工和专业化的好处，但归根结底，分工和专业化的经济性表现为生产费用的节约，严格地说，是单位生产费用的节约（盛洪，1992）。

当然，分工和专业化也带来了负面的影响。马克思在《资本论》中对此进行了深刻的揭示：（1）分工和专业化的发展使劳动者越来越集中于较小的范围内，而使生产活动变得越来越单调，不断从事单调的劳动，会减少生活的丰富性和妨碍人的创造性。（2）长期高度专业化的劳动固然使劳动者的专业化技能不断提高，但同时也使劳动者丧失了其他方面的技能。在工场手工业的分工中，他是一个局部工人，在大机器工业中，甚至成为机器的附庸。这种情况被马克思称为劳动的异化。

二 新型产业分工的经济性与负面效应

1. 新型产业分工的经济性

产业分工的经济性是指通过分工而形成的区域专业化生产所带来的利益。区域产业分工作为空间资源配置的一种方式，可以发挥区域优势，调整区域之间的利益，达到资源优化利用和发挥更高效

第三章
新型产业分工的类型、特征与效应

率的目标。新型产业分工的形式一方面表现为分工程度更加深入，另一方面表现为各环节之间联系具有更紧密且灵活的特性，因此，这种新型的分工较之传统分工给区域经济发展带来了更显著的意义。

（1）强化区域优势，形成专业化生产区域

在新型产业分工下，产业链上的各个环节都分散到具有优势条件的区域进行，各区域在发挥比较优势的基础上，总是生产具有比较优势的产品输出区外，而输入比较劣势的产品，使区域资源得到更好的利用和使区域优势得致更彻底的发挥，从而形成专业化生产区域，即不但各产业在最适合其发展的区域不断扩大其规模，而且同类产业也会在相应区域逐渐形成一定规模的集聚，这便使区域通过分工获得了经济利益，并不断加强其竞争优势。

在一个区域内部，专业化生产企业可以共享公共基础设施以及为同类产业提供服务的辅助行业等，不但节约了大量的建设费用，而且各项服务设施由于针对专业化生产进行配套而更好地发挥了其功能，因此产生了类似于多个生产线联合在一个企业内生产或企业实行多样化生产来共用某种生产要素的效果，即产生了更大程度上的范围经济。分工所形成的专业化生产区域，一般存在两种类型的专业化企业，一是规模较大的专业化生产企业，这些大企业具有的资本供给实力，使其能够采用更先进的机器设备或投入更多的力量进行研发创新；二是存在大量同类专业化生产企业，这些企业自身的规模虽然并不庞大，但由于实行专业化生产而同样获得了规模经济和范围经济。

（2）加快技术扩散和要素流动，促进跨区域统一市场的形成

我国区域经济在发展的过程中，曾有过地方政府进行非经济的地方保护、限制区域要素合理流动，导致各自为政、甚至恶性竞争的现象，区域资源难以得到有效的利用，区域产业结构雷同性严

重,造成了极大的重复建设和浪费。

以产业链分工为主要特征的新型产业分工,将使区域在发挥各项比较优势的基础上,逐渐形成相互关联、相互依赖的分工协作关系。新型产业分工有利于技术扩散和相关要素的流动。要素的合理流动与区域专业化分工的形成是一个相辅相成的过程,一方面,要素的合理流动为新型产业分工的形成提供必要的前提条件,因为区域专业化必须建立在广泛的区际产业关联的基础上。要素的空间流动带有明显的增值倾向,它也是区域间实现分工利益的基础和动力。另一方面,在区域发挥资源优势形成专业化分工的过程中,同时为要素的流动、特别是技术创新的传播和扩散开辟了广阔的渠道。因为,在新型分工体系之下,区域专业化程度较高,各区域之间必须建立紧密的合作关系,才能完成整个生产经营过程,实现整条产业链的价值增值,而这一合作过程,无疑也为要素的流动创造了良好的条件。

在新型产业分工的状态下,随着区域间合作交流的障碍逐渐被排除,区际要素的合理流动加快,这将有利于跨区域市场的形成。分工产生了比自给自足时更高的贸易依存度和更大的市场规模(杨小凯等,2000),而新型产业分工不但对市场的开拓和统一提出了更高的要求,而且也加快了更大范围内统一市场的形成。

(3) 促进区域协调发展和区域整体功能的提升

新型产业分工不但使区域专业化程度得以提升,而且区域之间的相互依赖日益深化,区域间协调合作的范围也不断扩大。由于依赖程度的加深,区域之间会通过网络化的方式形成一种既密切又灵活的产业关联,随着各区域产业链合作和交流的日益广泛,不但区域的各项优势因素得到发挥,而且带动了相关区域的发展。从长远来看,这种高效有序的区域产业分工网络系统产生的整体效应将远大于单个区域之和。在这个区域发展系统中,通过总体协作效应的

第三章
新型产业分工的类型、特征与效应

发挥，一是进一步巩固和提高了各个区域的专业化水平；二是区域之间的密切合作使分散的区域优势逐渐转化为相关联区域的整体优势，形成一种区域合力的效应。存在差异的区域之间进行产业分工协作时，相对发达区域的某些因素向区外扩散，可以通过区位因素在空间上产生乘数效应，在一定范围内改造那些相对落后的区域，从而带动周围区域的发展。

2. 新型产业分工的负面效应

在新型产业分工的形成过程中，企业根据产业链环节所需条件来选择适当的地区进行生产，因此，同类生产环节可能在一定的区域逐渐形成相对集中的状态。由于产业链各环节利益分配的不均等，进而会形成不同环节集中区域之间利益分配的差异，而且，随着区域专业化程度的提高，区域利益的不均衡状态有可能进一步加剧。

产业链是基于分工经济的一种产业组织形式，它涵盖的产业范围较广，包括从供应商到制造商再到分销商和零售商等所有加盟的节点企业。一条完整的产业链包括核心链条和辅助链条，即从最初始的原材料到中间产品，再到最终产品的生产和销售的全过程，其中包括采购、营运、研发、设计、营销和售后服务等各环节。产业链的价值在不同的环节上进行分配，不同环节所获的价值不同，而且各环节之间的价值分配差异较大。1992年，台湾宏基集团董事长施振荣在描述生产个人电脑的各个工序的附加值特征时提出了"微笑曲线"的概念。他指出，在产业链环节上，上游大量使用智慧财产的研发环节和下游与客户直接接触的营销环节的附加值高，而中游大量的加工制造和装配等环节的附加值较低。用图形来表示产业链各环节的价值分配状况，就好似微笑的嘴形，因此被称为"微笑曲线"，如图3-4所示。

从微笑曲线可以看出，产业链上游的研发设计、主要零部件生

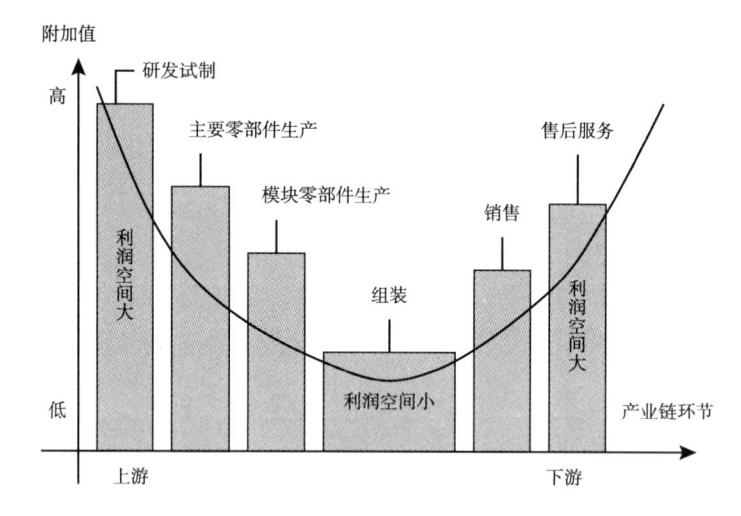

图 3-4　产业链价值环节"微笑曲线"示意

资料来源：参见关志雄《模块化与中国的工业发展》，日本经济产业研究所，http://www.rieti.go.jp/cn/index.html。

产和下游的销售服务是附加值较高的环节，而标准化生产和组装环节的附加值较低。从本章第三节的分析中可知，产业链的研发和营销环节一般集中在经济发达地区或者大城市，而加工制造环节则分布在欠发达地区或都市圈的边缘地区。这种分工格局最初是由产业链不同环节所需的生产条件和区域比较优势结合而形成的，在市场经济条件下，随着产业链条的运转，区域专业化程度进一步加强，这种分工格局将逐渐被强化，如果没有政府的引导和调节等措施，中心和外围城市（或区域）之间的差距有可能进一步扩大。这种由于产业链不同环节根据地区优势的不同而形成特定地域的专业化分工而产生和加剧地区间利益分配的不均等，便是新型产业分工可能带来的负面效应。

伴随着分工的深化，产业链各环节的利润分配也在不断调整，由于研发设计、信息加工和处理、金融和租赁服务、会计、广告和

第三章
新型产业分工的类型、特征与效应

营销等业务满足了个性化服务的市场需求并集中了大量的高技术服务人才,致使产业链的利润开始向这些环节领域转移并有加速趋势,即国际产业价值链由"微笑曲线"转向"大笑曲线",呈现产业链中端的加工、组装等传统制造环节利润不断下降,而上游研发、设计和下游的物流、广告营销、商务服务等环节的利润加速集中的现象。随着这些生产服务环节的专业化和规模化程度不断提升,内置于企业的研发设计、会计律师、营销等服务职能得以"外部化",并随着社会化生产对服务经济需求的上升而进一步发展壮大。

第四章
新型产业分工形成的动力机制

分工演进的动力机制一直是引起学者们兴趣的研究领域。在人类社会历史不断发展的过程中，分工在促进劳动生产率增进方面表现出巨大的作用，同时，分工本身也在不断地向前发展。分工的演进不仅是一个从简单到复杂的过程，而且表现出渐进的特征，即分工不是一下子从自给自足跳到极高的水平上。那么，到底是什么原因导致了分工的演进？新型产业分工是目前存在的一种特殊的分工形式，推动新型产业分工的源泉是什么？本章将借鉴分工现有的研究成果，结合当前国内外分工发展的现状，对新型产业分工形成的动力机制进行探讨。

第一节　分析框架

自"二战"结束至今的60多年，是分工取得较快发展的阶段，这个阶段出现了多种分工形式共同存在的现象（卢峰，2004），但新型产业分工是得到较快发展的分工形式。那么，究竟是什么原因促成了这种新型产业分工的长足发展，即它形成的动力机制是什么，这一问题值得我们深入探讨。

第四章
新型产业分工形成的动力机制

新型产业分工是产业链通过纵向分离使各不同环节在地域上形成专业化集中的分工状态。它包括两方面的内容：一是产业层面，这种分工表现为产业链各环节在技术上和空间上的纵向分离；二是区域层面，产业链发生纵向分离以后，必然要落实到具体的区域，各不同环节由于对要素等方面的需求不同，而分散到不同的地区进行生产经营，因此，同类生产工序或环节会逐渐在特定区域产生一定规模的集聚，进而形成专业化区域。新型产业分工是产业链的纵向分离与专业化集中两方面共同推进的结果。对这种分工的动力机制进行研究，也必然要从两方面入手，一方面要探讨分工演进过程中，是什么促成了产业链纵向分离的发生；另一方面要探讨区域之间为什么会形成基于产业链不同环节的功能专业化分工。本节对新型产业分工形成机制的探讨将从两方面进行：一是探讨产业链纵向分离的动力机制；二是探讨区域专业化形成的动力机制。

一 产业层面的分析

产业层面的动力机制是指产业链纵向分离的动力机制。新型产业分工之所以形成，首先要建立在产业链能够产生纵向分离的条件下，而且，这种分离不是一般意义上的纵向分离，而是在空间上发生了纵向分离。产业层面的动力机制探讨是较为基础性的，卢锋以技术进步与制度变迁为视角，考察了当代分工发展的背景和根源。由于技术进步以及经济自由化取向的政策和制度调整作用，分工的边际成本大幅度下降；而且由于技术进步及其伴随的产业变动，提供了更适于采用工序分工生产方式的新产品对象，从而使边际收益提高，分工的利润空间进一步扩大。技术和制度两个因素是分工的根源，但并非是直接的动力机制，因为它们还要通过市场、生产费用、交易费用等要素直接推动分工的演进。

> **新型产业分工：**
> ── 重塑区域发展格局

从历史的发展来看，分工演进与市场的发展始终存在着密切的关系，从亚当·斯密对"分工受市场的限制"的判断，到杨格的"分工与市场的相互作用"等，都针对市场对分工的作用做了较多的研究，并得出了一些有意义的结论。在市场条件一定的情况下，分工无论作为一种生产组织方式，还是资源配置方式，都包含着两方面的内涵：生产方式和交易方式。生产方式主要是由技术因素等决定的，体现了人与自然的关系；交易方式则是人与人之间的关系，它更多地受制度因素的制约。本章从市场范围、生产方式、交易效率三个方面研究促进新型产业分工的动力机制，将技术和制度两个因素的分析贯穿其中。第一，市场对分工的影响是普遍的，但由于与市场相关的因素在不断地发展，从而使得市场对新型分工的影响与传统分工相比有了一些新的特点，例如，技术的作用更加显著。技术进步降低了国际运输成本和信息交流成本，开拓了市场范围，使得分工能够更快发展。国家和地区的制度创新对市场的扩张也起到了一定的作用。第二，生产方式的改进直接促进了分工的演进，但生产方式的改进是建立在技术进步基础上的，技术进步不但使生产方式的改进在技术上成为可能，而且通过成本等要素的降低使分工能获得必要的经济利益。第三，交易效率的提高主要是通过产业组织方式的改进来实现的，但制度因素，尤其是产权制度的完善，对降低交易成本起到了较大的作用。市场、生产和交易三方面共同促进了分工的演进。

市场范围、生产方式和交易效率在促进分工演进的过程中并不是独立的，而是存在一定的相关性。例如，生产方式的改进可以促进交易效率的提高，交易效率的提高在促进市场范围的扩大等方面有一定的作用。但本章着重阐述新型产业分工形成的动力机制，所以其他因素的相互作用，以及分工对它们的反作用等都不作深究。

第四章
新型产业分工形成的动力机制

二 区域层面的分析

区域层面的动力机制是指产业链不同环节产生纵向分离后,同类或相似环节集中到特定区域,形成区域间专业化分工的动力机制。产业链分工的决定因素除了各环节的空间可分性外,还取决于不同工序环节的投入品比例差异、有效规模差异、运输成本等多种因素。而不同区域在提供产业链各工序环节的生产经营条件方面是存在一定差异的。区域差异包括区域之间的自然资源与环境、人力资源与技术等要素禀赋,以及区域产业结构与发展水平的不同等。区域差异是区域分工与合作的基本前提。但到底是自然要素,还是随着历史发展逐步形成的后天要素,例如,区域劳动力、资本、技术等对新型产业分工起到了更大的作用,都是学者们不断研究的领域。

从分工现有的理论成果总结分析可以看出,在经济发展初期,学者们更多地认为区域之间的分工与贸易主要是由区域资源禀赋的差异决定的。随着经济的不断进步,人力资源、技术等要素对区域分工所起到的作用将加大。由于科学技术的不断发展以及有关制度的改进,区域之间的要素流动性逐渐增强,这无疑会降低一些区域的要素优势。但是区域之间的分工依然存在,一些既具有先天优越条件、又有较强学习能力的区域将加快生产率水平的提升速度,而要素条件较差的区域,其发展则相对缓慢,进而在一定地域范围内形成传统的中心—外围结构(杨开忠,1993)。中心区以发展技术密集产业或其环节为主,外围区则输出初级产品、原料和燃料等。从已有的研究成果来看,要素禀赋是导致区域分工的一个重要因素,然而它在解释条件相似的国家或地区间产业分工与贸易方面却显得力不从心,克鲁格曼等又引入了规模经济作为解释分工的另一个重要因素,它能较好地解释在要素禀赋同质或相近区域之间的分工。然而克鲁格曼等新贸易理论学派所提出的规模经济是完全建立在新古典经济学之上的，它主要用于解释企业内部生产的规模经济，却忽略了同类企业聚集在一起所带来的外部经济，有些学者将其称为集聚经济。集聚经济是区域在发展过程中，通过长期的积累而形成的一种后天比较优势，它对区域分工也起到较大的作用。通过对区域分工研究的梳理，结合新型产业分工与之不同的特征，本章将从要素禀赋、规模经济、集聚经济三个方面探讨这种分工形成的动力机制。

由于新型产业分工涉及产业和区域两个方面，其形成的动力机制也具有这种特点。本章内容总体上分为两个部分，分别从产业层面和区域层面探讨新型产业分工形成的动力机制（见图4-1）。

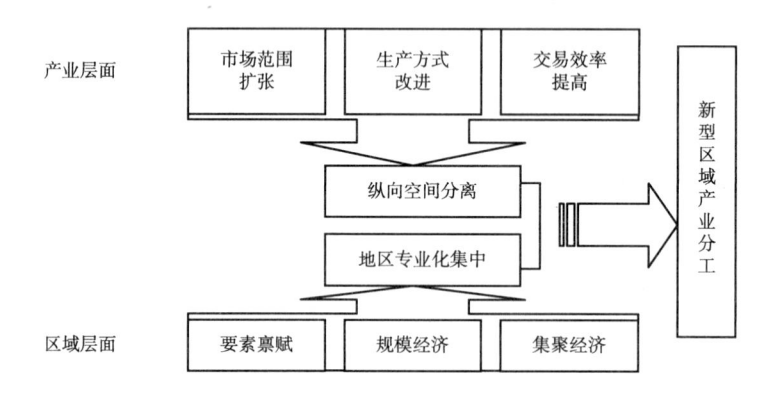

```
产业层面    市场范围扩张   生产方式改进   交易效率提高
                      ↓           ↓           ↓
                        纵向空间分离          →  新型区域产业分工
                        地区专业化集中        →
区域层面    要素禀赋       规模经济      集聚经济
```

图4-1 新型产业分工动力机制示意

资料来源：作者绘制。

第二节 产业层面的动力机制

本节将从产业层面来探讨新型产业分工形成的动力机制。分析市场范围的扩张、生产方式的改进以及交易效率的提高三方面的因素对促进产业链在发生纵向分离过程中起到了怎样的作用。

第四章
新型产业分工形成的动力机制

一 市场范围的扩张

市场范围的扩张,包括市场容量的增大和市场一体化程度的提高两个方面。市场一体化程度的提高,可以加快更大范围内要素和产品的流动,使分工可以在更大地域范围内进行。市场容量的扩大,使更深程度的分工和专业化变为可能。盛洪(1992)认为,市场容量包括三方面的因素:市场的地理范围、人口数量和人均收入。后两个因素可以概括为市场规模。因此,市场范围的扩展指市场地理范围拓展、市场规模扩大和市场一体化程度的提高。

1. 市场扩张对分工发展的推动力

(1)斯密定理:分工受市场范围的限制

关于分工与市场范围的关系,亚当·斯密早在《国富论》中就做出了明确的表述:分工受市场范围的限制。他把分工放在首要地位,阐述了以劳动分工为核心,联系到交易与市场发展的完整的经济增长理论。

斯密在《国富论》中首先论述了分工的意义,他认为,劳动生产力最大的进步,以及运用劳动时所表现出来的熟练、技巧和判断力,似乎都是分工的结果。斯密进而以交换解释分工的原因,他认为,带来较大利益的分工并非人类智慧的结果,尽管人类智慧预见到分工会产生普遍富裕并想利用它来实现普遍富裕。分工是不以这广大效用为目标的一种人类倾向所缓慢而逐渐形成的结果,这种倾向就是互通有无、物物交换、互相交易。这种交换倾向是出于人类的本能或本性。他还以交换为既定事实来说明导致分工发展的媒介就是人类生存之需要。

出于交换的需要,斯密接着指出分工要受市场的限制,也就是说,分工的程度取决于交换的能力或市场范围。只有当某种产品或服务的需求随着市场范围的扩大而达到一定程度时,专业化生产才可能出现和存在，因为这时市场需求才能够吸纳专业生产者的产品。而"当市场很小时，没有人能够得到鼓励，去专门从事一种职业，因为他没有能力把劳动产品超过自己需求的部分，去交换到其他产品"。为了证明这一点，斯密列举了许多史实和现象：有些业务（如搬运工）只能在大城市产生和发展；水运开拓了市场，所以各种产业的分工和改良自然都是从沿海沿江一带开始，经过很长一段时间后才扩展到内地，前者如地中海、埃及、孟加拉、中国的东南沿海，后者如非洲内陆、欧洲内陆等。

关于分工的决定因素，斯密对市场范围的讨论主要是从地理空间角度出发的。他认为运输（水运）的发展是决定因素，同时从人口密度（隐含着人口规模）谈到市场规模对分工的影响。在斯密的论述中，空间距离的缩短不仅仅在于减少运输费用，而且有使整个市场规模扩大、产生更高分工水平、提高劳动生产率的好处。然而，关于分工的决定因素，斯密虽然洞见了市场的巨大作用，认为分工深化是市场扩展和经济进步的过程，却未能看到市场与分工之间的相互作用。

（2）对分工受市场范围限制的继续研究

阿伦·杨格（Allyn Young，1928）发表在《经济学杂志》（*The Economic Journal*）上的《递增报酬与经济进步》一文，被认为是斯密之后关于分工和专业化最重要的文章。杨格的思想后来被总结为杨格定理，即"分工和专业化是递增报酬的实现机制，不仅市场大小决定分工，而且分工也决定市场的大小"。杨格指出了分工与市场的相互促进，是对斯密思想的进一步深化。

在论及分工的决定因素时，杨格发展了斯密有关分工和市场规模关系的思想，他不仅认识到分工受到市场规模的限制，还注意到分工能够扩展市场规模，通过分工—市场自我循环，能够实现经济增长。杨格的分析注意到了两个相互联系的方面，即间接或者迂回生产方式的增进以及产业之间的劳动分工（Young，1928）。他认为

第四章
新型产业分工形成的动力机制

迂回生产方式作为分工的最大特点，其发展会使原材料与最终产品之间插入越来越多的从事中间产品生产的专业化企业，不同专业化分工之间相互协调带来最终产品生产效率的提高以及市场交易的增加，从而导致市场规模的不断扩大，而市场规模的扩大又进一步推进专业化分工的发展。杨格将经济增长过程理解为分工深化，生产迂回环节增加，生产迂回方式演进，技术不断进步，产品价格持续下降，需求和市场不断扩展，又导致分工进一步深化的动态循环过程。

杨格关于"内涵的市场规模"累积扩大的论述真正使劳动分工"动态化"了，从而超越了斯密关于分工受市场范围限制的思想。但是，杨格无法将他的关于劳动分工水平自我演进的理论数学化，因而他的理论无法得到主流经济学家的重视，也就没有重新唤起主流经济学家对专业化分工问题的关注。

斯蒂格勒（Stigler，1951）的证据表明了"市场容量决定分工"这一定理的正确性。他在比较1919年和1937年美国工厂数据后发现，当一个产业发展到成熟期时，由于市场扩大使产业内分工越来越细，厂商功能越来越单一而活动范围越来越小。或者说，在市场自由竞争的条件下，如果市场规模扩大，则分工也会越来越细，经济增长加速。斯蒂格勒对于交易效率与市场大小，以及与分工和专业化水平间的关系也进行了阐述。他认为，产业的功能和地理结构之间存在着内在的关联，区域化是提高产业经济规模从而获得专业化利益的一种方式，因为产业在地理上的集中可以大大提高交易效率。

后来，斯蒂格勒发表的《分工受市场范围的限制》一文，进一步阐释了斯密的观点。他通过分析在一个产业的生命周期内企业垂直一体化情况的变化，解释了企业的纵向一体化和专业化的关系问题，以及地区布局对企业规模的影响等。在产业生命的初期，由于市场范围较小，该产业的企业只能自己设计、生产和销售服务等；随着产业的成熟，许多工作便可以交给专业化厂商来完成；而当产业衰退时，由于市场的萎缩，市场容量无法支持专业化生产时，残存企业又必须自己承担原来专业化厂商的各项业务。他的论述实际上揭示了市场容量是专业化生产的前提条件。

盛洪在其《分工与交易》一书中，对市场与分工的关系进行了深入的论述。他认为，市场结构可以表达为市场容量和厂商最适生产规模之比。当最适生产规模相当大，以致一个市场只能容纳几个甚至一个生产者时，市场结构就表现为垄断。如果最适生产规模既定，市场容量是一个变量，那么，随着市场范围的扩张，市场垄断程度就会降低。因此，可以说，市场范围的扩张是打破垄断的有效力量。垄断的降低和竞争的发展，一方面会鼓励人们倾向于采用专业化的策略，另一方面，原先的垄断企业因为市场扩张而导致垄断利润的降低，以及面临的竞争的新局面，会考虑采取进一步的专业化措施，重新寻求垄断地位。因此，如果市场范围在相当长的时期内持续扩展，就可能出现垄断—竞争—专业化—垄断—竞争—进一步专业化的循环。在这一循环过程中，分工和专业化程度不断加深，见图4-2。

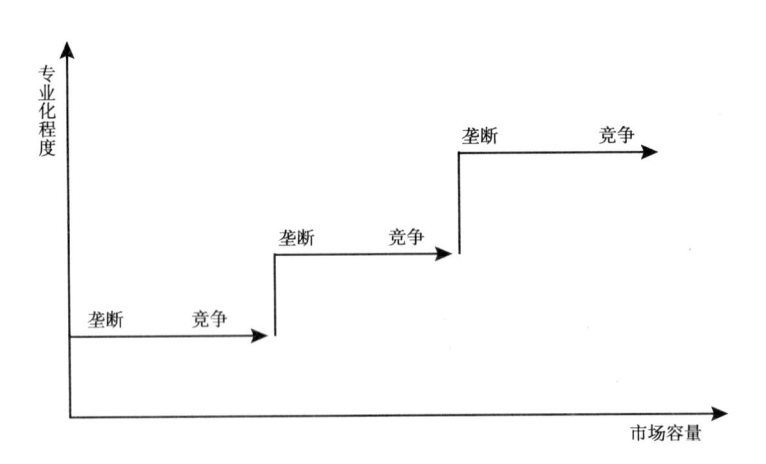

图4-2 垄断竞争循环下的专业化程度与市场容量关系示意

资料来源：盛洪（1992），P148。

第四章
新型产业分工形成的动力机制

市场规模的扩大可以使专业化生产达到规模经济的要求,从而形成个人和企业之间的进一步分工。以下通过图 4-3 来说明市场范围的扩大如何使分工的深化成为可能的。假设厂商的生产分为三个阶段,其平均成本分别用 ATC1、ATC2 和 ATC3 来表示,其中,工序 1 为收益递减,工序 2 为收益递增,工序 3 为先递增后递减。厂商的总平均成本为 ATCc。如果产出为 q1,则总的平均成本为 C1。但是如果市场足够大,工序 2 可能由某个专业化的厂商从事,由于工序 2 为收益递增,所以专业化厂商能以更低的价格,如 p2 来出售其生产或服务。这时,原厂商的总成本曲线就会从 ATCc 移动到 ATCc',这时,原厂商的总成本相应地从 C1 降到 C2,即随着市场范围的扩大,专业化生产会使总平均成本降低,从而使分工的深化成为可能。

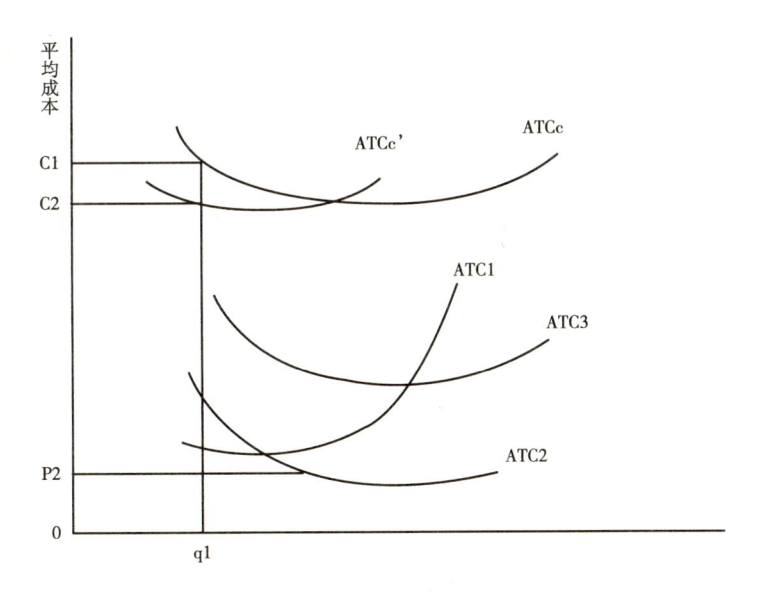

图 4-3 市场规模扩大与分工深化的可能性

资料来源:肯尼思·W. 克拉克森、罗杰·勒鲁瓦·米勒 (1989)。

市场范围的扩张是分工发展的必要条件，但不是充分条件。市场范围的扩张只能给分工发展带来一定的可能性空间。首先，从市场范围扩张到相应的分工和专业化发展之间有一个时滞，不但因为人们对分工和专业化的利益认识需要一个过程，而且，实现专业化生产的各项配套体系的建立也需要一定的时间。其次，市场具有两面性，一方面，市场的扩张使生产和服务活动不断纳入专业化体系，形成专业化程度越来越高的行业。另一方面，市场专业化程度的加深也使市场的不确定性和风险随之增加，那么，每一个专业化生产商在投入品的供应和销售上大都要更加依赖于其他厂商。因此，专业化生产的深入发展要来自对市场风险和收益的分析预测。所以，市场的扩张只是为分工和专业化的深入提供了一个条件，分工深入发展能否实现，还要看多方经济利益的权衡。

2. 市场扩张的原因分析

市场的扩张不但来自技术和制度两个基本原因，企业的投资经营方式尤其是跨国企业的全球战略对市场的扩张也起到了积极的推动作用。

（1）交通通信技术的进步

技术进步与信息革命有力地推动了市场范围的拓展。从18世纪60年代到19世纪中叶，英、法、德、美等主要资本主义国家完成了工业革命，即以机器大工业取代了手工劳动，与此同时，机器大工业的发展带来了交通运输工具和通信工具的变革，海洋轮船和铁路极大地改善了运输条件，提高了运输速度并大规模降低了运输的各项费用；19世纪下半叶第二次工业革命发生后，电力、电报、电话及海底电缆等现代通信工具陆续出现，使信息传播日益广泛和迅速。现代化的交通通信工具扩展了工业企业所服务的地理范围，扩大了市场。

20世纪中叶发生的信息技术革命，对市场范围的扩大带来了

第四章
新型产业分工形成的动力机制

更深刻的影响。与电话、传真机相比,由于互联网具有实时性、低成本性和广泛性,使人们之间的沟通、交易变得更加方便、高效和低廉,极大地突破了时间、地域的限制。互联网所提供的数字化无形产品,如门户网站的信息查询、软件下载等,成为人们获得新闻信息和数字化产品的另一种渠道,从而大大节省了搜寻交易信息和交易对象的成本;通过互联网可以实现网上交易的全部或部分环节而在网下完成实体产品交换,即通常所说的电子商务,进而降低谈判、交流的成本;电子商务可以减少中间代理商,使企业可以直接面对消费者,避免了商品多次转手交易造成的破损耗费和运输费用;而全球供应链数据库系统,使公司可以对库存进行实时监控,降低了库存费用。交通运输和信息通信技术的进步降低了信息沟通的空间距离和流通时间,使许多过去由于交易费用过高而不可能发生的交易成为可能。

同时,网络化与电子商务的出现,也为广大发展中国家以及大量的中小企业参与到国际分工中提供了条件。分工过程既包括生产过程中中间投入和固定资本投资的增加,也包括商业流通中物流和销售的扩展。产业分工深化所增加的中间环节既是价值的新增长点,也为技术进步和经济增长提供了更大的空间。随着区域运输、通信等条件的改善,各种服务综合成本的降低,一些发展中国家可以发挥本国的优势,参与到生产阶段的分工中来,通过中间产品的生产和组装加入全球生产链体系,从而进一步扩大产业的市场范围。

(2) 经济全球化下的国家开放制度

经济全球化推动了市场环境的改善,并使各国通过相互的分工与合作促进经济增长、扩大就业、增加社会福利。因此,在世界各国以及国际组织对扩大市场开放问题的不懈努力中,许多国家也积极推进制度的改革,通过降低贸易壁垒,取消贸易歧视等政策来扩大国内市场的开放程度,加快实现商品和服务在更大程度上的自由流动。经济全球化影响下的国家开放战略,促进了市场规模的不断扩张,这些发展不但创造了新的分工与交易机会,而且随着被保护市场的打破,新的生产者不断进入而形成成本降低等方面的压力,竞争也日趋激烈。市场规模扩大和一体化程度提高的外部环境成为劳动生产过程空间分离的动力。

①市场规模扩大。在贸易自由化和区域一体化的发展过程中,国家之间通过实施扩大开放的制度,使得市场规模不断扩大。在国际交往的过程中,经济活动的广泛私有化和放松管制开始出现,其中最突出的是电信、运输、金融等服务性行业,促进了国际直接投资的发展。而且,市场规模越扩大,国家或地区之间就越有可能在规模效益下实现差异性生产,即实现更深层次的分工,从而扩大产业链条各环节之间的关联与交易。

②市场一体化程度提高。WTO以及区域性贸易组织的建立,降低了国家和地区间的关税和贸易壁垒,促进了劳动力、资本、商品以及各种服务的流动,使市场一体化程度不断提高。随着市场一体化进程的加快,国内市场与国际市场融合的步伐会进一步加快,关税的大幅减让和多种贸易壁垒的消失无疑会促使各贸易伙伴国间贸易额的增长,从而规模经济和专业协作便更为重要。

(3) 跨国企业的全球战略

跨国企业的全球战略推动了市场范围扩大和一体化程度的提升。在科技革命的推动下,高效的运输与通信技术使生产工序的空间分离成为可能。跨国企业将研发等环节仍然留在本国或技术水平较高的地区,而在发展中国家寻找大量的劳动力,进行国际工序间分工,正如电子信息产业这些高技术部门的生产和组装活动中所见得到的,跨国企业通过机械化、自动化技术的发展,将复杂的生产工序分解为非熟练劳动力也能实现的标准化工序,把大量的生产加

第四章
新型产业分工形成的动力机制

工环节分散到世界各地进行。而在一个大范围布局的产业链体系中，跨国公司为确保合作的有效进行，会对其合作企业转移生产技术，为其培训人才，以提高合作企业的技术水平以及经营管理水平，这对参与国际分工的发展中国家同样也带来了益处。因此，发展中国家利用出口加工融入产业链分工的生产体系，是在新的国际分工形式下的一种有利的选择。发展中国家不但可以通过产品贸易获得收益，而且还可以通过与跨国公司复杂的技术和管理系统的融合，从而使自己的比较优势得到提升，最终实现国内经济的发展。

跨国企业在全球范围内进行产业链分工，建立全球生产网络。在其将不同类型的产品和环节分配到不同国家和地区进行配置的过程中，同时也伴随着大量的贸易交流和一定程度的技术转让。跨国企业的本地化，加快了生产国家的开放程度和经济发展，进一步扩大了全球范围的市场。

二 生产方式的改进

生产方式对于分工演进的影响，主要体现在技术属性的改进方面。由于技术的不断进步，生产方式得到不断的改进，从而更深的专业化生产得以实现。分工的深化不但表现为专业化程度的提高，还表现为各环节相对独立性的提高，这无疑与社会生产方式的改进密切相关。

1. 产业链环节的可分性与迂回生产方式

分工的不断深化，产业链各环节不但由不同的企业承担，而且分散到更大范围的空间进行，必须基于一个重要的前提，即生产过程的可分性。只有当生产过程分裂为更多相对独立的生产阶段后，这些阶段才能从企业中分离出来，由专业化的厂商进行，或者分散到更广阔的空间。技术进步是使产业链环节的可分性增加的必要条件，例如，传统农业由于生产受地域限制所形成的关联性而无法像

新型产业分工：
重塑区域发展格局

工业那样进行细密的分工，但是无土栽培技术的发展使得耕地的不可移动性相对减弱；制造业的标准化生产使很多环节从垂直一体化的工厂中分包出去，由专业化的厂商进行生产。技术的进步不但使生产环节的可分性提高，而且降低了单位产品生产的资本和劳动投入，从而降低了生产成本，例如，技术进步不但简化了大多数产品的重量，而且更多地利用合成材料，这都降低了原料的成本和可获得范围，使空间可分性增加。

特定产品生产过程分解为若干工序或环节来完成，是技术分工（technical specialization）的基本含义。技术分工的出现和发展，既是技术和社会生产力进步的标志，也是人类经济活动效率提高的源泉。技术分工使产品生产分解为不同工序，各种工序活动才可以在空间上分散或展开。这些工序活动的空间分布主要有三种形态：一是在某个空间点上完成，极端而言即某个工厂内部完成特定产品生产过程包含的所有工序；二是在一国内不同地点或区域完成；三是在不同国家完成，构成国际分工的形态。可分离性主要受生产过程技术属性的决定（卢锋，2004）。但是，可分离性只为分工的深化提供了必要条件，而没有提供充分条件，最终能否实现生产环节的专业化分工，还要看分工能否实现厂商的利益追求。

迂回生产的概念最早由奥地利经济学家庞巴维克提出（庞巴维克，1964）。他认为生产的最终目的是生产消费品，而生产消费品可以有两种不同的方式：一种是德国历史学派所说的不用资本的"赤手空拳的生产"，即直接生产方式；另一种是"首先将我们的劳动和财富联系起来，并同其他适当的物质和力量相结合，最终得到成品，即满足人类的需要"的"迂回生产"方式。杨格认为，把先进的生产方式带到生产过程中来，提高了生产效率，这又进一步促进了分工的发展。

在过去近半个世纪的生产方式变化过程中，由于技术经济等因

第四章
新型产业分工形成的动力机制

素的进步，生产工序或区段逐步被拆散，并由空间上的高度集中逐渐分布到国内不同区域或不同国家进行，迂回生产方式得以实现，以产业链的各工序环节分工为特点的新型产业分工才得到了较快的发展。

2. 从大规模生产到大规模定制的转变

（1）大规模生产方式

大规模生产（mass production）方式是在工业革命之后，随着机器生产取代手工劳动而逐渐发展起来的生产方式。由于机器代替了手工工具，生产效率得到提高，产品的成本也随之下降。大规模机器生产将每一项生产都分解为简单的步骤，使其被机器快速、精确地执行。大规模生产于20世纪二三十年代在美国被广泛地采用，美国的烟草、钢铁、石油等大型企业，通过采用专业化设备生产出标准化而且数量极大、成本极低的产品。亨利·福特T型车的诞生及其巨大的成功，将大规模生产推向了发展的顶峰时代，大规模生产也由此被称为福特制（fordism）。大规模生产不但广泛出现在大型制造业领域，也被银行、保险等行业所采用。大规模生产对于美国经济在二战前的飞速增长作出了巨大贡献。

分工和标准化在大规模生产中非常重要。通用性零部件和专用机器设备等为大规模生产奠定了基础，流水线生产、规模经济和产品的标准化等成为大规模生产的原则。因此，大规模生产以工作效率为中心、由专业化管理人员组成的分层机构垂直集成。彼尔和塞贝（Piore and Sabel, 1984）认为，在大规模生产时代，消费者接受标准化的产品；由于扩大了规模经济，消费者的认同推动了市场范围的扩展和价格的降低；大规模生产商品与个性化商品价格差距的不断扩大进一步推动了需求向同质产品的集中。派恩提出了大规模生产范式的反馈圈，认为大规模生产贯穿着从新产品的生产到最终销售的全过程。产品在大规模生产方式下制造，形成成本低、质量一致、面向统一大市场的标准产品,导致稳定的需求和产品生命周期的延长。低价格导致了较高的销售量,高销售量导致了高产量,高产量导致低成本,低成本又会导致更低的价格,从而形成自我反馈机制。大规模生产范式的信条可以概括为"通过稳定和调控创造效率"(派恩,2000)。

大规模生产是建立在专业化分工和标准化技术之上的,它对于手工生产来说,有不可比拟的优势,例如,标准化、大规模、低价格等。但是,大规模生产方式有很大的局限性,一方面,它的大批量、无差异化生产模式难以适应大众多方面的需求;另一方面,大规模生产由于在企业组织方面大都采用垂直一体化的分层管理结构,不但管理费用较高,而且运转不灵活,难以应对市场的变化和外来的冲击等不确定性因素。大规模生产从19世纪末到20世纪60年代期间,经历了从发生到成熟的漫长阶段。在这一过程中,大规模生产成为美国经济高速增长的发动机。但是从20世纪60年代,尤其是70年代以来,大规模生产方式的劣势开始表现出来,并由此开始衰退。

(2)大规模定制模式

20世纪60年代末,主要资本主义国家的经济遭遇了发展的困境,持续的通货膨胀和高失业率同时出现,有些领域的经济发展甚至出现停滞。20世纪70年代以来,经济发展出现了两种趋势:一是经历了失业高潮期,收入开始增长,消费者从购买大规模生产的廉价商品逐渐转向多样化消费,个性化商品的需求开始出现,导致大规模生产的市场在激烈竞争之下出现萎缩。二是发达资本主义国家出现生产要素、尤其是原材料的短缺,使得许多大型企业的生产出现困难。在市场竞争日益激烈、消费者群体不断变化、能源和原材料价格上涨的压力下,大规模生产逐步向"柔性专业化"(Piore and Sabel,1984)生产方式转变,派恩则将其称为从"大规模生

第四章
新型产业分工形成的动力机制

产"转向"大规模定制"。伴随着大规模生产向大规模定制的转变,大型一体化企业开始解体,下包、转包等企业组织形式开始出现,并在空间布局上呈现一定的分散状态。下包企业不但可以选择在要素等条件优越的地区进行生产,解决原有企业资源紧缺的状态,而且可以根据当地的需求做出一定的设计改进和战略调整,提高产品的本地化水平,解决产品的市场销售问题。与大规模生产相比,大规模定制的模式提高了生产效率,使分工程度更加深化。见表4-1。

表4-1 大规模生产与大规模定制的对照

生产方式	大规模生产	大规模定制
焦点	通过稳定性和控制力取得高效率	通过灵活性和快速响应实现专业化和多样化
目标	以几乎人人买得起的低价格开发、生产、销售、交付产品和服务	开发、生产、销售支付得起的产品和服务,具有多样化和个性化特点
主要特征	稳定、统一的大市场 低成本、质量稳定、标准化产品和服务 产品开发和生命周期长	分化的需求 多元化的细分市场 个性化、高质量的产品和服务 产品开发和生命周期短

资料来源:据〔美〕B.约瑟夫·派恩(2000),P44改制。

派恩将大规模定制分为日本公司、灵活专业化、动态扩展企业三种模式。日本公司是在紧密联盟中产生的,一流大企业作为主导,领导各供应企业,形成紧密合作的网络体系,通过整体来参与竞争。它们通过完善的配套来快速响应市场的需求,提高了产品的多样性和专业化水平。灵活专业化主要指新产业区或产业集群内部的企业组织形式,包括第三意大利、美国的硅谷等。而美国企业则由大规模生产转向大规模定制后形成了动态扩展的企业。这三类企业的生产方式虽然有些区别,但它们对于提高整个生产过程的效率、降低管理成本、满足客户需求等方面都有显著的进步。

在大规模生产方式中，很多生产环节已经达到了相对独立的状态，甚至实现了标准化，但是一体化的企业管理模式，没有将各生产环节分散到不同的企业中，更无法实现空间上的分离；大规模定制的生产方式，不但将企业的纵向解体，使得生产环节由更多专业化的企业来承担，而且使空间上的分散化成为可能，从而有力地促进了分工的深化。在大规模定制模式中，计算机和通信技术的发展起到了很大的作用。计算机辅助设计为个性化制造提供了技术支持，很多下包的中小企业可以根据核心企业的要求进行研发活动，进行产品样式等方面的设计、改进，提高产品的个性化和适应性。通信技术的进步，方便了企业之间的分工协作，使产品的生产过程更加灵活、经济。

3. 模块化生产方式对分工的促进

随着信息技术的进步、市场竞争加剧和消费者需求的不断升级，现代经济社会正在发生深刻的变化，20世纪90年代以来，模块化生产方式在一些高技术产业中的应用取得了良好的效果，并成为以IT业为代表的许多产业发展的趋势。

Baldwin和Clark（1997）以电脑产业为例进行了研究，他们认为：模块化是在信息技术革命背景下，在产业发展中逐步呈现出来的用于解决复杂系统问题的新方法。在统一的界面标准下，各个模块可以展开充分的竞争，而一旦某个模块胜出，它将获得全部模块价值，具有白热化的"淘汰赛"效果，从而激励各模块企业开发出符合界面标准和绩效标准的模块产品。模块化不但存在于生产过程中，而且随着模块技术的进步，设计过程的模块化显得更为重要，模块化在技术设计和组织设计两个领域的使用日益广泛。产品的模块化可以看成将一定数量的中间产品和可以置换的模块组装成

第四章
新型产业分工形成的动力机制

最终产品的过程。因此,模块的内部功能可能相当复杂,但是从外部来看,模块的内部联系必须符合一套明确界定的界面,这个界面决定了模块之间的联系。模块标准化使得模块之间可以形成不同的组合,参与模块化网络的企业可以在很短的时间内生产出不同类型的产品。模块化的优势主要来源于它的功能的独立性和连接的可分解性两个特点:一是把复杂的过程系统按照功能分解为各自不同、相对独立的组成部分,各个模块成为相对独立的子系统;二是模块之间的连接,是建立在易于分解的接口标准之上的,即标准化界面把模块连接起来。因此,借助模块化,通过良好的分工,可以将复杂的问题分解为单一独立的环节,从而更好地完成整体功能并对付外界的不确定性。

模块化不但是一种技术进步的体现,而且作为一种生产方式,它对生产效率以及分工的影响是巨大的。范爱军、杨丽(2006)在加里·贝克尔和墨菲对分工研究的基础上,将其模型运用到模块化对分工影响的分析中,得出了一些有意义的结论,本书借鉴其研究的方法及思路,从分工的角度出发,对模块化生产方式对分工演进的影响进行归纳。

(1) 加里·贝克尔和墨菲的模型及主要观点

加里·贝克尔和墨菲在《分工、协调成本与知识》一文中,提出了研究分工、协调成本及知识之间关系的一个框架。他们认为,分工不但受市场的限制,还受到协调成本、知识进展的影响,通过分工和专业化生产,可以使工人获得更大的报酬。其主要观点为:①分工协调成本制约分工演进。分工的协调成本可以表述为一个不变弹性的函数:$\lambda_t n_t^\beta$,其中 λ 为协调成本提高参数,β 为分工所带来的协调成本参数。由于委托代理问题以及信息传递失真等,团队成员的净产出 y 便为收益与成本之差:$y = B - C = B(H, n)$,$B_n > 0, C_n > 0$。②人均收益取决于人力资本和分工水平的提高。贝克尔和墨菲以通用知识 H 和分工水平 n 为基础建立生产函数：$y = B(H, n) = AH^{\gamma}n^{\theta}, \theta > 0, \gamma > 0$。式中 B 为分工产生的人均收益，A 为技术进步因子，θ 为专业化技能学习边际生产率，γ 表示人力资本的产出效率。③知识增长技术进步及协调成本降低均会提高分工与专业化程度，从而促进经济增长。均衡分工水平可以推导为：$n_t^* = (\frac{\theta}{\beta\lambda_t})^{1/(\beta-\theta)} A_t^{1/(\beta-\theta)} H_t^{\gamma/(\beta-\theta)}$（贝克尔和墨菲，1992）。

（2）系统模块化对分工的影响分析

以贝克一墨菲的模型为基础，分析系统模块化后，模型参数如何变化，从而对分工产生怎样的影响。

①模块化降低了系统的协调成本，从而促进了分工的深化。在模块化生产方式下，由于系统内部的模块分割，从生产到设计的各环节都可以在相对独立的状态下完成，降低了系统内部的知识关联，从而降低了由分工带来的协调成本，在模型中表现为参数 β 的下降。从以上均衡分工水平公式可以看出，β 下降，均衡分工水平上升，即分工得到深化。分工协调成本产生的根本原因在于缺乏由于分工深化带来的分工协调知识（范爱军等，2006）。在分工合作过程中，由于不同环节之间的知识存在关联性，所以，每一部分的生产设计都要了解有关其他环节的知识。一方面，这些知识的学习不但要付出较多的努力，而且要有一定的时间积累，随着知识更新速度的加快，知识的学习成本也会越来越高；另一方面，不同环节之间由于进行知识沟通的过程中也会由于信息不对称等产生协调成本，随着系统的不断发展，协调成本也会相继上升。对于复杂的生产系统，相对独立的模块化生产方式有效地解决了系统内部协调成本上升对分工的阻碍，从而促进了分工的深化。

②模块化加大了专业化知识的增长，从而促进了分工的深化。相对独立的模块生产和设计使产业链各环节可以在更加专业

第四章
新型产业分工形成的动力机制

化的状态下进行,由此导致了对专业化知识越来越高的需求。模块的生产和设计使得专业研究的领域越来越窄,并且更加深入。例如,计算机产业中的模块化方式的采用,使得各环节独立进行,新技术、新产品在较短的时间内相继涌现,这些新技术和产品所带来的价值又进一步引发了更深领域的专业化研究,加速了专业化知识的增长,在模型中表现为参数 θ 的提高,由于 $\dfrac{dn}{dH} = \dfrac{B_{nh}}{C_{nn} - B_{nn}} > 0$,由均衡水平公式可以看出,专业化知识的增长可以促进专业化程度的提高和分工的深化。同时,我们也可以看到,在 γ 既定的前提下,随着 β 的下降和 θ 的提高,通用知识 H 的指数 $\dfrac{\gamma}{\beta - \theta}$ 在变大,也就是说通用知识在对分工水平的决定中所起到的作用在提高。贝克尔和墨菲认为,通用知识与专业化技能具有互补的关系,通用知识构成专业化知识的基础,而专用化技能的提高形成通用知识的积累来源。因此,专业化知识水平对分工的促进,必须建立在通用知识普遍提高的基础上,才能发挥更大的作用。

模块化使得产业链各环节不但具有相对的独立性,而且相互之间的连接也变得容易。模块化产品的优越性在于它保持了模块功能上的独立性和连接上的可分性,可以说模块化技术具有协同非专用性的特征(侯若石等,2006)。模块既可以单独研发,使产品的灵活性进一步增强,又可以较容易地与相关产品连接或替换,从而加大了产品重组的范围和适应性。模块化生产方式的出现,改变了产业中承担模块生产设计企业的行为方式以及产业的组织结构,并通过改变产业链各环节的价值分配,影响整个产业链分工的已有状态,使分工所受空间距离影响更小,从而使得产业链各环节的分布表现出更大的灵活性和分散化特征。

三 交易效率的提高

分工的演进不但与技术属性的因素有关，而且与具有制度属性的交易活动也密切相关。交易活动体现了人与人之间的关系，交易过程包含人与人之间的利益冲突，因此，与生产活动相比，交易活动具有更大的不确定性和复杂性。在市场条件、技术决定的生产方式既定的情况下，交易效率成为分工演进的另一个重要影响因素。

1. 交易效率对分工演进的影响

（1）交易效率的界定

生产活动和交易活动是贯穿于人类历史发展过程的两个重要方面，但将交易活动纳入经济学分析中并没有多长的时间。以往的新古典经济学家主要侧重于生产费用的分析，他们对技术、规模经济等要素的影响作用做出了较多的研究。但是显然，对经济活动的分析应该包括两者，因为财富的创造及其效用的最终实现，必然是生产活动和交易活动共同作用的结果。生产活动提供产品，交易活动提供服务。这种服务体现在对员工生产的激励、收入分配以及资源配置等多方面。产品有其效用，服务也有其效用，交易活动提供的服务直接影响着社会总效用的变化。交易活动涉及产品交易、要素交易等不同领域，在这些领域中交易活动发挥着不同的功能。

交易活动和生产活动同样会耗费资源，由于资源的稀缺性，交易活动带来的服务等也会带来一定的成本。1937年，科斯在其《企业的性质》一文中，首次提出了具有一般意义的交易费用概念，并从这一概念开始，成功地进行了市场和企业之间相互代替的研究。此后，越来越多的经济学家将交易费用运用到经济分析之中，最终形成了新制度经济学。交易活动是构成经济制度的基本单位，肯佩斯·阿罗指出："交易费用是经济制度的运行费用"（康芒斯，1983），新制度经济学的代表威廉姆森则形象地将交易费用

第四章
新型产业分工形成的动力机制

比喻为经济世界中的摩擦力（Williamson，1985）。交易费用概念的提出，为交易活动的研究提供了有力的工具。交易费用一般被认为是进行交易活动所投入的资源的价值度量。单位交易费用是平均实现一次交易服务所支付的交易费用。边际交易费用则是为多提供一次交易服务所支付的交易费用。这三个概念构成了研究交易活动的概念基础。

交易费用与交易效用之比，就是交易效率（transaction efficiency）。如同对生产活动可以进行损益分析一样，对交易活动也可以进行损益分析。就交易活动本身而言，当实现一次交易服务所支付的交易费用超过交易效用时，这种交易活动就不可能持续下去（盛洪，1992）。在分工深化的过程中，交易效率是其中一个决定参数。然而，对于交易效率的度量却是一个比较困难的问题，主要因为对交易成本进行的度量涉及运输、储存的物质成本，信息、执行交易合同的费用等非物质成本，还有完成交易的时间成本等。萨缪尔森（1952）提出"冰山交易成本"（iceberg cost）概念巧妙地解决了交易成本的度量问题，其基本思想是假定一个人购买一单位商品时，他实际得到的只有 K 单位，或者当他为购买商品支付 1 元时，实际得到 K 元价值，原因是 $1-K$ 单位的商品在交易过程中像冰雪一样融化掉了。这里 $1-K$ 就是交易成本，K 可被看做该商品的交易效率，其值介于 0 到 1 之间。因此，可以把交易效率简单地界定为交易费用与进行交易所获收益的比率。交易效率高，就意味着完成交易所花费的成本与交易所获得的收益相比较小；反之，这个比值较大。而交易效率对分工与专业化作用的研究，可以通过交易费用的概念引入其中。

（2）交易费用的类型及来源

杨小凯等新兴古典经济学家在运用专业化经济与交易费用之间的两难冲突来解释分工演进方面得出了有意义的研究成果。他们运用超边际分析（infra-marginal analyses），将斯密、杨格与科斯的思想相结合，引入消费者与生产者相结合及交易费用的分析框架，重新将古典经济学中关于分工与专业化的思想变成均衡模型。新兴古典经济学强调，分工是交换的产物，经济发展是分工与专业化不断深化发展的过程；分工演进受到交易费用的制约，交易费用取决于交易机制的效率，交易效率的提高能够进一步推动分工的深化。较高的交易费用会阻碍分工与专业化发展，减少人们之间的交易行为；分工的好处与交易费用增加之间形成的两难冲突，构成分工演进的基本约束。专业化分工与交易行为构成了人类经济社会的基本概貌，而专业化分工与交易费用之间彼此消长的两难冲突及其有效折中则成为贯穿社会经济发展过程的一条主线。

杨小凯等将交易费用分为外生交易费用和内生交易费用。外生交易费用是指在决策之前能见到的，而在交易过程中直接或间接发生的那些交易费用，它不是由于决策者的利益冲突导致经济扭曲的结果。例如，购买每单位商品的交易费用系数都是外生交易费用，因为人们在做出决策之前都能够看到它的大小，而同各种自利决策之间利益冲突产生的经济扭曲没有任何关系。商品运输过程中所耗去的资源是一种直接的外生交易费用，而用于生产运输、通信以及交易过程中的交易设施，如计算机、汽车、信用卡等，则是一种间接外生交易费用。

内生交易费用是指只有在所有参与者都做出了决策后才能确定的交易费用，即内生交易费用是个体自利决策之间交互作用的后果，它在个人决策、市场处于均衡状态且均衡福利结果分析清楚之前是无法确定的。内生交易费用是由特定的交易人群引起的，主要来源于两个方面：①信息不对称。信息不对称是指交易双方中有一方拥有另一方所不知道的信息。这在分工中是一种必然现象，而信息不对称一方面是分工专业化利益的来源；另一方面也是欺骗等机会主

第四章
新型产业分工形成的动力机制

义产生内生交易费用的根源之一。②动态议价。在交易过程中，会出现一定程度的讨价还价状态。无论信息对称与否，交易双方的博弈必然带来一定的内生交易费用，随着博弈次数的增多，内生交易费用必然增加。其中，以损害他人利益为代价的机会主义的对策行为是内生交易费用产生的根源。从目前的研究来看，道德风险、不完全信息、体制设计、不完全契约、剩余权模型和一些对策论模型等都对内生交易费用的研究作出了一定的贡献。

杨小凯等认为，无论是内生交易费用还是外生交易费用，对分工水平的确定和生产力的发展都有决定性的影响。而内生交易费用对分工的意义更大，因为既然它是内生的，就有可能通过制度的创设、习惯的形成而减少，因而是人类大有作为的一个领域。

（3）交易效率演进产生的分工演进

在新兴古典分析框架中，交易效率对分工的演进起着决定性的作用。经济体系从自给自足状态向分工状态演进过程中，伴随着分工带来的好处和分工产生交易费用的两难冲突，故分工水平取决于交易效率的高低。交易效率越高，折中这种两难冲突的空间就越大，分工水平就越高。在一个静态模型里，当交易效率外生改进时，经济体系就会从自给自足状态向完全分工演进。在交易效率对分工演进的影响分析中，杨小凯等将斯密—杨格定理和科斯的交易费用理论结合起来，用交易费用的范式分析分工的机制等问题。首先在假定所有的消费—生产者都有相同的效用函数和一组生产函数的情况下，推导出静态均衡状态下的分工水平；然后引入时间维将模型扩展成一个动态模型，并将消费者—生产者进一步限定，研究分工水平随着交易效率外生演进而不断变化的情况。相对于静态均衡分析来说，该动态模型没有出现任何决策变量的导数，因此，该动态决策问题的解与相应的静态解相同，只是所有变量都随交易效率的外生演进而变化。

假定一个经济系统中有4个消费者—生产者，每个人必须消费4种产品，并且可以选择生产1，2，3或4种产品。根据分工程度，将经济体分为自给自足、局部分工和完全分工三种状态，如图4-4所示，线条表示产品流，箭头表示产品流的方向，数字表示产品种数。在图（a）中，由于交易效率极低，每个人自给自足4种产品，整个经济体分成4个互不往来的部分，完全没有交易和交易费用，专业化水平和生产集中度极低。图（b）表示部分专业化，因为交易效率较高，每人出售1种产品，购进1种产品，生产的产品种类数从4减至3，即专业化水平上升，市场也从无到有，交易次数从0增至2，交易费用出现。经济可分为两个互不往来的部分，生产集中度上升，人与人之间的依赖性也上升。图（c）表示极度专业化，这是一种完全分工的状态。因为交易效率极高，每个人出售并自给1种产品，购进3种产品，交易次数为4，生产集中程度和生产率都迅速增加。

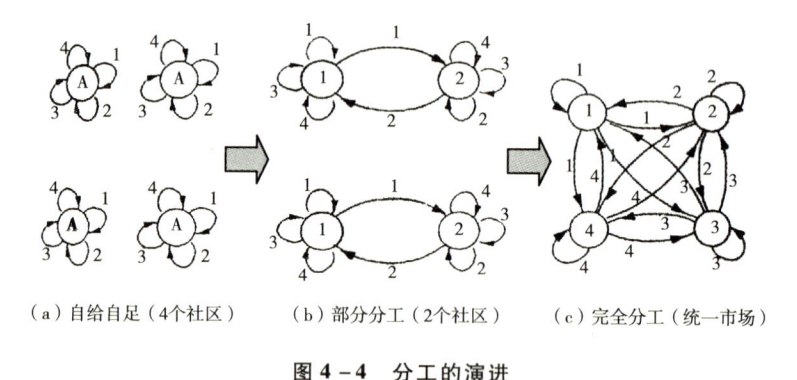

（a）自给自足（4个社区）　　（b）部分分工（2个社区）　　（c）完全分工（统一市场）

图4-4　分工的演进

资料来源：杨小凯等（2000）。

因此，如果实际的交易效率很高，人们就会选择专业化，因为此时专业化的好处会超过交易费用；如果交易效率低于某一临界值，交易费用超过专业化的好处，人们就会拒绝专业化，不参加市

第四章 新型产业分工形成的动力机制

场活动,选择自给自足。随着交易效率的提高,一般均衡就从自给自足跳到局部分工,然后跳到完全分工。是否选择专业化分工或者分工的程度,是由交易效率决定的全部均衡问题。

2. 交易效率提高的原因

既然交易效率是分工演进的决定因素,那么,交易效率又是由哪些因素决定的呢?由于交易效率定义为交易费用与交易效用的比率,因而在交易效用一定的情况下,决定交易费用的因素也就同时决定了交易效率。一般而言,交易费用要受交通运输条件、信息交流条件等物质手段的制约,但是,交易费用更多是由制度因素决定的。按照诺斯的定义,制度是委托人之间、委托人与代理人之间为了最大化由专业化带来的贸易收入而订立的合同安排,也就是一系列"组织人类活动的规则"。制度安排是由不同的契约组成的激励机制的集合。现代经济学有一个基本的假定:"经济人"都会对激励做出反应(诺斯,1994)。交易效率的提高,以及有效率的经济组织的产生并且能够正常运行,都依赖于制度安排对经济主体行为的激励作用。一个有效率的制度激励,意味着经济主体权衡交易成本后作出的决策,能够使私人收益符合社会收益;反之,无效率的制度激励就会助长"搭便车"的机会主义行为,私人收益和社会收益相抵消。对于寻求持续发展的国家或地区而言,交易效率的提高和有效率的经济组织的产生是经济增长的关键(游杰等,2006)。除了现有制度条件之外,不同的交易方式和组织方式对交易效率的提高又会产生较大的影响作用。

(1)产权等制度的完善

制度可以降低交易的不确定性,从而提高交易效率,而其中以产权制度尤为突出。产权实际上是交易的前提,也就是说,如果完全没有对财产的所有权,交易就不可能发生。随着产权的明确化,以及受保护程度的提高,交易效率也将逐渐提高,分工演进的速度因此加快。但是，仅仅确立了财产所有权并不能保证引起交易。试想当产权明确但全部归一个所有者时，交易和竞争是不存在的。只有当产权分属于每一个人，即哈耶克（1997）所谓的分立的产权（several property）时，广泛的交易才能展开，竞争才能是有效率的。只有当明确的、分立的产权确立下来并且受到法律保护时，市场才能有效率地展开配置资源和组织分工的职能，分工演进的进程才得以展开。随着分工的发展，生产越来越专业化，迂回生产链条越来越长，信息在时间和空间上越来越分散。这时人们必须对生产资源拥有可靠的、可让渡的产权，并在可信赖的契约交易中进行交易，才能保证交易顺利实现以及交易费用较低。产权制度的建立（包括建立明确的、分立的产权及相应的法律）是提高交易效率的一项重要途径。

我国产权制度的发展历程较短，由于产权不清带来的一些问题屡见不鲜，尤其是国有企业。国有企业由于产权不清的问题，曾严重制约着国企的交易效率的提高，妨碍了国企适应经济发展向更有效的经济组织形式演进。随着市场经济的发展，我国产权制度在逐渐地完善，市场也逐渐更好地发挥其作用。明确的产权和自由的交易秩序需要政府力量来规范和维持。在市场经济条件下，政府通常有制定法律制度、确定游戏规则、执行经济政策等方面的作用。政府对于市场交易效率及分工演进的影响主要有以下两方面：一是制定法律。政府最重要的职能是制定法律制度和维护法律的公正执行。法律的制定和完善将有助于保护企业和个人的财产权利，维护市场公平竞争的秩序，为市场上的每一个竞争主体提供一个良好的平等的法律环境。二是颁布公共政策。由于市场会产生诸如垄断、不对称信息外部性、收入分配不公、经济波动等没有效率或不合意的现象，阻碍市场的有效竞争和交易效率的提高。政府有针对性地实施一些干预政策，有助于纠正市场失灵，并提高交易效率（张

第四章
新型产业分工形成的动力机制

冰等,2006)。

(2)交易方式的改进

交易方式直接影响着交易效率,在不同的市场条件下,企业所选择的交易方式不同。典型的交易方式有两种:企业内交易和市场交易。企业内交易是通过企业的科层管理来实现产品转移的交易方式,这种交易关系形成了企业的一体化;而市场交易则是建立在专业化基础上的交易方式。如图4-5所示。

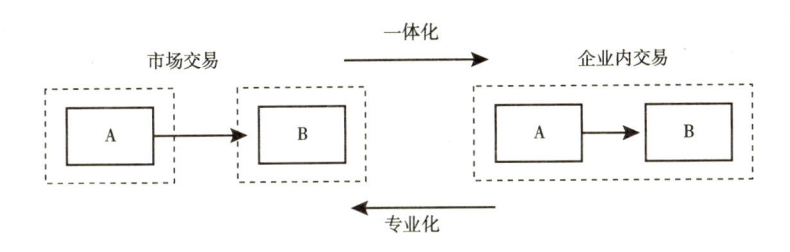

图4-5 市场交易与企业内交易

资料来源:盛洪(1992)。

然而,现实中存在于市场和企业这两种极端方式之间的一些中间交易形态大量存在。制度经济学家以资产专用性和交易频率为主要参数,对这些中间形态的交易方式进行了研究,发现在不同的市场结构和交易方式下,分工程度是不同的。目前,大规模的外包、转包、特许经营等成为专业化分工的主导形式,它们采取介于市场和企业之间的交易方式,这种中间形态的交易方式降低了企业内部的管理费用,提高了交易效率,对推动分工的进一步深化起到了较大的作用。

①分包与交易效率的提高。企业内部一体化的交易方式会带来较大的管理协调费用,而且大规模企业会出现机构臃肿、反应不灵活等情况,难以更好地应对激烈的市场竞争。随着市场制度的进

步,通过市场进行交易的单位交易费用在下降,因此,大型企业的垂直解体频繁发生。然而,交易次数的增多也会增加交易费用的总量,而且市场交易的不确定性依然存在。所以,为了降低企业内部管理协调费用和市场风险,灵活专业化而又较为固定的交易对象成为更多企业的选择,企业之间形成了一定范围的介于企业和市场的特殊交易关系。其中,分包制度是较为典型的一种。分包制度一般是以一个核心厂商为中心,将一些产品的不同零部件或生产工序分别承包给许多厂商。发包商和承包商之间的交易是相对固定的,在这种交易关系中,搜寻交易对象、搜集市场信息和谈判费用等大大降低。分包制度使得企业规模减小,但是由于交易费用的节约,生产的专业化程度在企业之间得到提高。

代工生产或贴牌生产(OEM)是分包的另一种重要形式。一般来说,代工生产是指品牌厂商按照一定的设计要求给制造商下订单,制造商依照产品设计要求自行生产,或者把生产过程进一步分解为不同的环节,再次下包给不同的企业,产品完成后加贴发包企业品牌出售。有时,由于代工企业对上游工序参与能力增强等原因,可能逐渐承担产品设计环节的某些生产程序或者根据产品的需要进行一定程度的研发改进,但由于品牌仍然使用原有厂商的品牌,又被称为贴牌设计(ODM)。贴牌生产企业与品牌企业之间的关联协调是相对稳定的,但又不同于企业的内部控制,一些学者将这种关联方式称为网络关系。在分包形成的网络关系中,一方面企业不但可以减少内部协调管理费用、降低库存,而且可以根据销售地的需求及时调整产品组合和改进产品性能,满足消费多元化的需求;另一方面企业间形成的上下游紧密联系和畅通的信息传递渠道,不但可以降低频繁交易所带来的成本,而且可以在一定程度上消除市场的不确定性,使得交易效率大大提高。

②特许经营与交易效率的提高。特许经营是通过直接买卖无形

第四章
新型产业分工形成的动力机制

知识产权而形成的企业间的一种交易关系。在特许和受许企业之间，通过合约来形成固定而又各自独立的经营状态。特许经营主要有三方面的优点：第一，特许人和受许人共同分享知识产权的利益。特许人从受许人的经营利润中提取一定比例作为特许权的价格，从而降低了界定特许产权的外生交易费用，同时也减少了如采取企业组织形式而产生的经理人机会主义行为，降低了内生交易费用。第二，特许合约中授予特许人单方终止合约的权利，有利于减少受许人的机会主义行为，从而降低了内生交易费用。第三，知识产权作为一种中间商品转让，提高了知识类产品的利用率，减少了重复学习的时间，直接提高了生产的专用化程度。因此，在特许经营中，降低了内生和外生交易费用，提高了无形资产的交易效率和利用效率，从而促进了分工的发展（张永生，2003）。

③集群方式对交易效率提高的作用。斯蒂格勒在对交易效率的研究中曾指出，产业的功能和地理结构之间存在着内在的联系，区域化是提高产业经济规模从而获得专业化利益的一种方式。他认为，产业的区域化程度越高，则单个工厂的专业化程度越高。在美国、英国地理集中的产业中，工厂规模通常很小，产业在地理上的集中可以大大提高交易效率，使工业中的分工和专业化水平能加速发展，从而成为递增报酬的实现机制（Stigler，1951）。坎宁（Canning，1996）的研究指出，通过产业集群连接在一起的专业化小企业，可能比大企业的规模经济对经济发展起到更大的作用。杨小凯在研究分工与城市化关系时指出，从事制造业的人集中在一起便于改进交易效率和促进分工（杨小凯等，2003）。一方面是由于地理集中可以缩短交易行程、节省交易费用；另一方面是由于集群企业灵活而又相对固定的交易方式长期以来产生了一种网络效应，提高了交易效率。

产业集群是相关企业之间通过一定的相互关系在特定区域形成

的一种集聚群体。由于集群内部企业性质和企业之间的关联方式多样，因此集群也有多种类型，但是最典型的产业集群一般是指马歇尔在《经济学原理》一书中提出的"产业区"。马歇尔式产业区内部集中的是大量相关的小企业，这些企业往往专注于生产过程的一个或几个阶段，因而是高度专业化的企业。皮埃尔和赛伯（Piore 和 Sabel，1984）在《第二次产业分工》一书中对19世纪产业区现象进行了重新解释，提出这种发展模式的特点是灵活专业化或柔性专业化（flexibility plus specialization），具体包括两个方面：一是集群内单个企业的生产总是集中于有限的产品和过程，形成专业化的特点；二是集群内的中小企业在互相竞争的同时互相联系、协作和补充。Scott（1986）指出，尽管大公司常常是集群产业结构的更本质元素，产业集群的一个共同特征及高度柔性的基础之一是高度社会分工的存在和小的专业化厂商的增加。这些产业集群通常包括几个不同领域的许多厂商，通过适应快速和持续改变的交易系统联系起来。产业集群内部企业之间的交易方式之所以能提高交易效率，主要原因有以下几点。

第一，产业集群内部的社会资本运作方式有利于减少交易成本和机会主义行为。一般说来，交易过程中所发生的成本，包括交易的事前准备过程、事中的交易过程以及事后执行监督过程中所产生的成本，具体表现为对交易对象和交易价格、产品质量等的信息搜索、交易条件谈判、签订契约、交易实施、对达成的交易进行监督与控制以及对违约行为进行惩罚等过程中所产生的成本。通常产业集群内部专业化市场的形成有利于降低事前的交易费用，这些专业化市场主要包括原材料市场、中间产品市场、元器件市场和人才市场等。这些市场汇集了包括产、供、销在内的大量信息（如产品质量、性能、价格以及供求及其趋势等），并快速、低成本地向集群内部各交易主体传播，从而有效地降低其事前搜寻交易对象和交

第四章
新型产业分工形成的动力机制

易价格以及搜寻技术人才的费用。同时,大量上、下游企业的地理位置接近,原材料和零部件采购半径减小,将导致物流成本和库存费用的降低。

企业由于某些关联产生的集聚可以降低企业之间或不同产业之间的每一次交易成本,继而在连续的交易过程中大大减少总的交易成本。产业集群的经济活动根植于地方社会网络之中,企业与企业、人与人之间的合作基于共同的社会文化背景,可以减少活动的不确定性;在信任和承诺基础上,单个企业的失信和违约成本很高,能够防止交易中违约行为的发生;有限区域范围聚集了大量的同类企业,使企业可以较为容易地在当地获得替代的、同质的交易合作伙伴,形成代理人多元化机构,增强谈判力量,从而减少和克服资产专用性而可能产生的机会主义行为。

同时,地域上的接近,使得集群内的技术保密成本变高,而学习成本降低,企业学习其他企业的技术极为方便,技术和信息交流成为一种互利行为,企业常常不自觉地把质量管理、设备改良、生产工艺流程设计、新产品生产方法、新技术情报、新产品开发技术等传送到其他企业中,特别是从大企业传递到中小企业,满足了资源的共享、知识的扩散和价值链上的相互需求,减少了信息成本,降低了交易成本,提高了交易效率。这些都有利于促进产业集群内专业化分工的发展。

第二,产业集群内部专业化市场的形成有利于降低资产专用性。当一种资产具有较高的转移成本,且只能在特殊交易中才能存在特殊收益时,这种资产就具有了某种专用性。分工的不断深化使企业生产向精、细方向发展,导致各企业的资产专用性增强(包括专用设备、制造工艺、人力资本等)。资产专用性程度的提高通常会使契约的安排趋于长期化。一般情况下,订立长期契约的难度增大,契约不完全所带来的风险性也更大,这些都使交易费用增加。产业集群内存在大量的专用性资产，如熟练的技术工人、制造工艺和技术、专用设备等，这些资产对其他产业是排他的，具有较强的专用性，但对集群内的大量生产者和需求者来说则具有很强的通用性。由于产业集群内聚集了大量需求者（所需要的是相似产品），即使契约不能如约履行或者提前终止，专用性资产所有者也能较容易地将产品转售给其他需求者；同时，由于存在众多同类产品或者可替代产品的供应商，对于想要退出该行业的企业来说，将很容易转让自己原有的专业化设备。换句话说，同种产品生产者和需求者的大量集聚降低了资产在产业集群内的专用性，因此降低了由资产专用性所引的交易费用。

第三，产业集群内部的协作创新有利于提高专业化水平。在产业集群内部存在着协作创新的优势。一方面，地理接近性加强了编码知识的传播与扩散，同时产业集群内部大量的非正式交流有利于技能、信息、技术、技术诀窍、核心思想等专业化知识在集群内企业之间的迅速传播与应用，从而产生知识和技术的外溢效应，提高了整个集群的技术水平和管理水平，最终加快整个集群的创新速度。另一方面，集群内部各产业、生产链上的各个节点紧密相关，使得某一个产业或节点在研究与开发、引进新技术和采取新战略等方面都会快速地蔓延到其他产业或节点，促进其创新与升级。因此，虽然产业集群内的企业存在着激烈竞争，但由于他们之间特有的协作关系，减少了摩擦，加快了创新速度，使集群内部的生产专业化程度不断提升，企业间形成的产业关联更加紧密。

第三节　区域层面的动力机制

本节从区域层面探讨新型产业分工形成的动力机制。分析要素

第四章
新型产业分工形成的动力机制

禀赋、规模经济和集聚经济三方面的因素在促进产业链同类或相似环节在空间上集中从而形成专业化区域的作用。

一 要素禀赋

要素禀赋差异是形成区域分工的最基本条件,虽然不一定是必要条件。新型产业分工是不同工序在空间上的分工,由于不同工序对要素的需求或者投入品比例不同,而不同地区要素禀赋和要素相对价格不同,同种或类似工序集中到特定区域有可能节约成本并提高效率。因此,区域要素禀赋差异仍然是形成新型产业分工的一个重要因素。

1. 不同要素对新型产业分工的影响

要素禀赋差异是构成区域分工的重要来源,但不同要素的影响作用不同。要素禀赋在一定条件下形成区域比较优势,进而成为区域分工的一项决定因素。根据区域要素的类型特征,主要归纳为以下几种。

(1) 自然资源禀赋

区域间自然资源的差异是显而易见的,无论是土地资源、矿产资源,还是光、热、水、土等条件的组合,都是形成区域产业发展的基本条件,因此,也可能构成了区域分工的最原始动力。随着科学技术的发展,人们可以通过运输、科技等方式,减少自然资源分布的约束,但是自然形成的要素空间分布差异在一定程度上依然存在。

(2) 资本和劳动力

俄林的要素禀赋理论最早考察了资本和劳动两个要素是如何形成比较优势,进而决定区域分工与贸易的。资本和劳动力也是产业发展最基本的投入要素,但与自然资源相比,资本和劳动力具有较强的流动性,尤其是在经济发展速度加快和全球化影响日益深刻的今天，资本和劳动力受地域范围的限制更小。我们知道，资本和劳动力区域间流动强度和流动规模取决于区域间要素收入的差异。一般来说，区域间收入差异越大，区域间要素流动的强度就越大。但同时，区域要素流动要受到距离、制度等因素的制约。空间距离越大，资本和劳动力在流动过程中需要克服的阻力就越大，而且距离越大，信息失真程度越高，流动的风险越大。另外，人们在文化背景、习俗及行为方式存在的差异，也会制约着区域之间要素流动的规模。因此，资本和劳动力虽然受利益最大化规律的支配，由低收益区域流向高收益区域，但这种流动不会完全消除区域间的差异（陈计旺，2001），因此，对于新型产业分工来说，资本和劳动力的影响作用虽然不如以前显著，但依然存在。

相对于一般劳动力的理论，人力资本说则更多地解释了高素质劳动力与资本结合的特点。以美国经济学家西奥多·舒尔茨（T. W. Schultz）为代表的人力资本理论者认为，劳动力实质上是一种不同质的生产要素，当人们通过对劳动力进行投资，使一定量的资本与劳动力结合时，就会使劳动力的质量提高，从而产生一种新的生产要素——人力资本。人力资本说认为，在经济欠发达的国家和地区，经济之所以落后，根本原因在于人力资本的匮乏而非物质资本的短缺。因此，对这些国家和地区及时输入大量物质资本，也难以在短期内实现经济的快速增长，因为它们无法实现人的能力与物质资本的等速度发展，也就无法消除这种经济发展的限制因素，即人力资本具有更强的区域性，从而使其成为区域分工的重要影响因素。

（3）技术水平

技术水平的高低是区域比较优势形成的一个重要方面，而且随着科技发展、产品升级的加快，技术在区域比较优势中所起到的作用日益加大。从第三章的分析可以知道，产业链各环节所需的技术

第四章
新型产业分工形成的动力机制

水平存在较大的差异，它们对生产区域的选择在很大程度取决于技术条件的满足程度。技术水平虽然随着区域发展会发生较大的变动，但由于技术的传播和模仿有一定的时滞，因此，区域可以在较长时间内保持已有的技术优势。

要素禀赋理论是以各国或各地区相同的技术为前提来构建的。20世纪60年代，美国经济学家鲁伯、弗农等人提出研究与开发学说。他们认为，随着经济发展和技术进步，研究与开发这种无形的生产要素正起着十分重要的作用。波斯纳于1961年提出了技术差距理论。该理论认为，率先进行某种技术创新的国家，在国外尚未获得这种技术的时期内可以独享技术优势，并利用这种优势在相关技术密集型产品的加工和出口方面处于优势地位，以获得高额利润。技术可以通过转让专利权、直接投资和商品贸易的形式流向其他国家或地区，如果这些国家或地区获得这种技术，并模仿生产同种技术密集型产品，那么优先获得这种技术的国家或地区的技术优势将会随着时间的推移而逐渐丧失。但是，波斯纳认为，从技术差异产生到消失的过程中存在模仿时滞。模仿时滞指从新技术产品问世到其他地区获得该技术并仿制产品存在一个时间间隔。模仿时滞又可以分为反应时滞和掌握时滞两个阶段。在反应时滞阶段，如果技术创新国在扩大新产品生产中能获得较大收益，且运输成本较低、市场容量较大，就能在较长时间内保持出口优势；在掌握时滞阶段，如果仿制国家或地区没有充足的研发费用和能力、本国对新产品需求也要一段时间的话，技术原创区就可以再保持一段时间的技术比较优势。否则，这种优势将较快地丧失。

各国或地区技术水平的差异在比较优势的形成中发挥着重要的作用，一个技术要素丰富的区域总是在技术创新与技术产业化方面处于领先地位，在技术密集型产品生产方面具有比较优势。技术差异理论不但能解释国际或地区间大量存在的分工和贸易现实，而且把技术作为一种要素引入到俄林的要素禀赋理论中,更加强调了技术差距对分工和贸易的影响,从而使要素禀赋理论更具有现实意义。

(4) 软性商务成本

随着各地招商引资竞争的激烈程度日趋提升,商务成本这一新概念已经逐渐为人们所认识。我国很多学者将商务成本作为衡量地区综合竞争力的重要指标,其高低已经成为各地政府对外宣传本地投资环境的一个重要依据。商务成本在国际上尚未形成一个统一、明确的定义,一般认为,商务成本指企业进行生产经营活动所付出的成本。通常可以分为硬性商务成本和软性商务成本。硬性成本也称要素成本或直接成本,主要包括土地价格、劳动力价格、企业承担税费、水电煤等生产要素的价格等;软性成本也称间接成本,是在生产经营过程中对所需公共环境支付的交易费用,主要涉及政府部门运作效率、服务水准、人力资源素质、市场运行规范程度、基础设施状况、产业配套能力等(陈珂等,2005)。

地区或城市的商务成本包括的因素较多,而且各项因素对于特定的产业来说其权重又不同,但从商务成本所包含的各项指标来看,它是除了与技术因素相联系的成本以外的综合要素和制度成本,因此,商务成本的高低对于评价地区或城市投资环境及综合竞争力具有一定的参考价值,同时也是形成地区比较优势的一项综合要素禀赋。江静等(2006)研究了长三角地区商务成本对产业分布的影响,他们认为,商务成本对区域产业分布新格局的形成有一定的作用:中心城市因其较高的要素成本和相对较低的交易成本只能发展对要素成本不敏感的生产服务业,周边城市则由于要素成本相对较低而发展制造业。这就形成了制造业和生产者服务业在空间上的协同定位,最终确立了中心城市生产服务业集聚而周边城市制造业集聚的新格局。在这个意义上,商务成本客观上促进区域内产

第四章
新型产业分工形成的动力机制

业结构升级和城市功能的重新定位。商务成本所包含的软性成本因素，可以与以上分析的三种要素禀赋并列，成为形成区域比较优势的另一项要素禀赋。目前来看，商务成本中的制度等软要素条件对于企业区位选择的影响作用日益明显，也即对区域产业分工产生一定的推动作用。

随着经济的增长，劳动力和土地的成本上升是不可避免的，试图靠抑制工资和地价来控制商务成本并不是好办法。地区为了发挥比较成本优势，应该更多地重视软环境建设来降低商务成本中的软性因素。一是要提高政府的效率，进一步改善地区软环境，为企业提供完善便捷的服务和更多的贡献资源。事实证明，高效廉洁的政府和规范透明的法律政策能使商务成本明显降低。目前，我国各级政府在简化行政审批程序、精简各种收费、建立诚信体系和转变政府职能等方面还有很大潜力可挖。二是要合理配置商务活动，引导企业更好地选址、利用地区资源，提高地区资源利用率和服务水平，那么相对商务成本就可以降低（厉无畏，2003）。

2. 要素禀赋差异带来的分工利益分配

国际分工与国际贸易理论已经证明，在若干假设条件下，要素禀赋存在差异的两个国家或地区，生产投入品比例不同的产品，其相对价格会显著不同，因而产业在区域间形成了分工。卢锋借鉴产品间分工的研究方法，进而将其推进到工序层面的研究。

传统分工理论所共有的一个前提是认为特定产品的所有生产环节必须在特定国家或地区完成。这个潜在的研究假定可分解为三个隐含假定：（1）产品生产过程仅包含一道工序；（2）即使存在不同工序，各工序要素需求与投入比例也是相同的，因而产品全部工序加权要素投入比例与个别工序比例相同；（3）即使存在不同工序，并且各工序要素投入比例不同，但由于技术工艺等原因，不同工序不能在空间上产生分离，或者分离成本极高，因此只能集中在一个地点生产。研究工序分工，是建立在同时松弛以上三个条件基础上的。

假设有两个地区，一种产品。甲地资本对劳动相对价格较低，显示出资本比较丰裕的发达地区要素结构的特点；乙地劳动对资本相对价格较低，体现了较为落后地区的要素结构特点。如图 4-6 所示，产品 X 的生产包含两道工序，X1 工序所需的劳动投入较多（OX1 的斜率较小），X2 工序资本投入密集（OX2 的斜率较大），但总起来看资本密集部分在成本结构中所占份额较大，即在不发生工序分离时，X 属于资本密集型产品。AC 和 BD 是两条假设价值相等的等成本线，反映甲、乙两地资本与劳动存量比例和相对价格差异，OS 线为分工临界线。如果不发生产业链分工，那么产品 X 要在甲地生产，但由于工序 X1 和 X2 的要素投入比例不同，而且 X2 所占份额较大，因此在发生工序分离后，将两道工序进行加权平均，用两道工序的矢量加总来确定，如 OZ 和 OV 所示，形成的

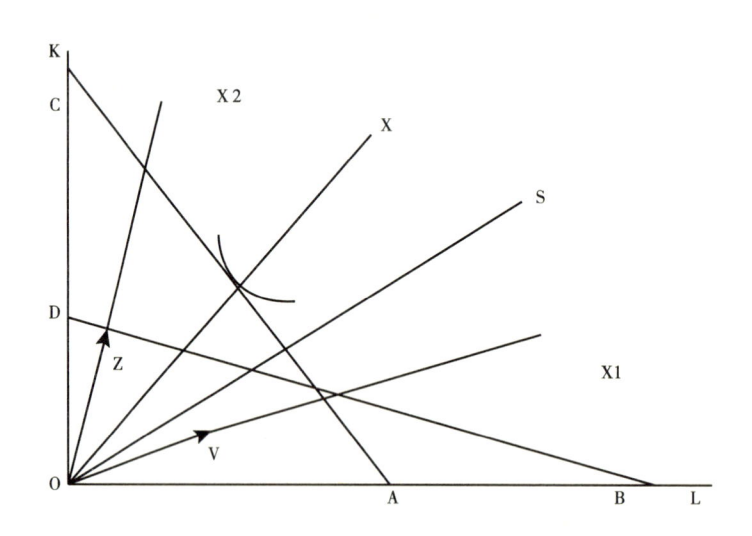

图 4-6 要素禀赋差异带来的分工利益

资料来源：参见卢锋《产品内分工》，《经济学》（季刊），2004 年 10 月。

第四章
新型产业分工形成的动力机制

合力线 OX 必然位于 OS 线之上。但劳动密集型工序 X1 的生产扩张线位于 OS 线下方，这说明该工序为了节省成本，有可能分配到乙地进行。因此，产业链不同环节间的分工使得区域要素禀赋优势能够更好地发挥，继而使分工利益得到实现。

在区域分工的形成过程中，最初可能起因于某些要素禀赋的不同或者偶然因素，但分工的路径依赖特性会在空间上产生自我强化，加强这种分工的格局状态。从我国改革开放以来地区发展的状况来看，区域之间的差距确实仍在加大，这与要素禀赋引起的区域分工与不断强化是有一定联系的。

二 规模经济

1. 规模经济的内涵

规模经济是指规模的收益递增，具体表现为长期平均成本曲线向下倾斜，即呈现随着生产能力的扩大，单位成本下降的趋势。规模经济可分为工厂规模经济和企业规模经济。工厂规模经济也就是新古典经济学所谈论的规模经济，它指的是单个企业内部的规模经济。由于生产过程中所使用的大型关键设备投入在产品成本中占有较大份额，而这种关键设备作为固定成本，会随着产量的增多而得到更大范围的分摊，使得单位产品的平均成本随着产量的扩大而减少，由此产生的规模经济效益就是工厂规模经济。在这里，规模是从技术意义上来阐释的，即从设备、生产线、工艺过程等角度提出的，实质上只是比较静态意义上的单个企业内部的技术经济规模。企业规模经济是指生产同样产品的若干工厂或处于生产工艺过程不同阶段的若干工厂联合在一个实体中形成的经营规模扩张，从而带来的投入产出效益的提高。

规模经济的产生，归根结底是由投入要素的不完全可分性决定的。一个长期生产过程在某个产量区间规模报酬递增，而在另一个产量区间有可能使规模报酬递减，因此存在一个最小有效规模的问题。如果一切生产投入要素都是完全可分的，这些要素就可以建立任何比例的组合，不管它们的绝对量是多少。那么，经济的最优投入组合，不管规模大小，都有着同样的可能，即经济存在最优投入比例，但没有最优规模。但现实中，由于要素的不完全可分性以及某些生产要素缺乏完全流动性，导致只有使用一定数量或相当大数量的某些生产要素才能获得较低的生产成本。所以，生产规模达到某种程度时比少量生产更经济，即存在着规模经济。

规模经济是产业链分工的另一基础。不同工序的最佳规模可能是不同的，比如说汽车几百道工序之间的最佳规模各异，组装环节的最佳规模可能是 30 万辆汽车，发动机生产可能 70 万台，其他环节最佳规模也不尽相同，如果把整条产业链放在一个系统里进行，必然只能取一道最重要的工序，用它的最佳规模来确定整个系统规模，其他工序的最佳规模便不能满足。所以要把这些工序分散到不同企业甚至地区上，才可能照顾不同工序的最佳规模，从而带来成本节约和创造出新的利益。

2. 相似条件下规模经济对分工的解释

生产要素禀赋差异可以形成区域比较优势，进而成为影响区域分工的重要因素。但是现实中，许多分工和贸易是在具有相似要素禀赋的国家和地区之间进行的，这种情况无法用要素禀赋理论来解释。经济学家们便开始了对相似条件下分工和贸易来源的研究，其中最有代表性的是克鲁格曼新贸易理论和小岛清的协议性分工理论，他们的研究都建立在规模经济基础上。

在比较成本差异或者说要素禀赋比率相同的条件下，区域分工仍然存在。因为即使在消除了比较优势差距的极端状态下，还应该有向以较优技术水平为基础的生产函数转移的分工，即为了获得规模收益的分工（小岛清，1980）。假设两个地区 A 和 B 分别生产两

第四章
新型产业分工形成的动力机制

种产品 X 和 Y，可以满足本区的需求，但在这两种产品上，两个地区都没有形成比较优势，而分工确实能够降低产品的成本，因为这两种产品存在规模成本递减（或规模收益递增）趋势。在这种情况下地区 A 可以专门生产商品 X，把 Y 的市场提供给地区 B；地区 B 专门生产 Y 而把 X 的市场提供给地区 A。双方通过专业化生产，不仅降低了成本，从而使价格下降，而且能够刺激需求的增加，使产品能够在更大规模上进行，这种分工可以使两种产品都能在更有利的环境中得到发展。对于要素禀赋相似地区间所形成的分工，虽然可以通过市场机制来推动，但要以资源的浪费和不合理使用为代价，并有可能引发地方保护主义和恶性竞争，因此，小岛清主张由中央或地方政府出面，通过协商来促进地区间合理的分工。

克鲁格曼认为，国家或地区之间分工的形成，尤其是要素供给结构相似的地区间形成的同类产品的分工，是这些地区按照规模收益递增原理而发展专业化生产的结果，规模收益递增可以与要素禀赋一起作为分工的来源，有时也是某些地区间分工产生的独立动因。克鲁格曼和小岛清都认为规模收益递增是要素供给结构相似国家或地区间分工产生的原因，但小岛清认为应该通过协议来实现这类分工，克鲁格曼则认为"历史和偶然"在分工格局最初决定时起着重要的作用。一种产品的专业化生产在哪个国家和地区形成，在较大程度上有历史的偶然性，一旦由于某种特殊原因在某个区域形成了某种产品的专业化生产格局，规模报酬递增将不断强化这种形式，使分工和专业化不断积累和发展下去（赫尔普曼等，1993）。

3. 规模经济对新型产业分工的推动作用

在微观经济学中，规模经济是指生产能力与单位成本存在反向的关系，然而规模经济并不是随着生产能力的扩大一直增加的，而是存在一个规模经济最高点。如图 4-7 所示，横轴表示产量，纵轴表示平均成本，那么长期平均成本曲线就表现为一条"U"形曲线，曲线左端下降阶段表示随着生产规模的扩大，平均成本下降，即该区段存在规模经济（economies of scale），右端上升阶段表示随着规模的扩大，平均成本上升，即对应着规模不经济（diseconomies of scale），平均成本最低点为最大规模经济和最优产量，在最优规模附近存在一个有效规模区间（efficient scale）。在存在规模经济的区间，如果企业能够在给定市场需求内，通过分工来扩大各自的规模进行生产，就可能降低生产成本和提高单位收益。根据克鲁格曼的新贸易理论，产业内分工贸易主要缘于规模经济。以汽车产业为例，假设市场需求一定而消费者偏好不同，在没有分工的条件下各国汽车厂商需要生产不同型号的汽车以满足国内消费者的需求。由于受各国汽车市场需求的限制，不同型号汽车生产的实际规模有可能不是最优规模，提高产量有可能带来更大的规模经济。在若干汽车生产国家之间，每个国家可以生产特定型号的

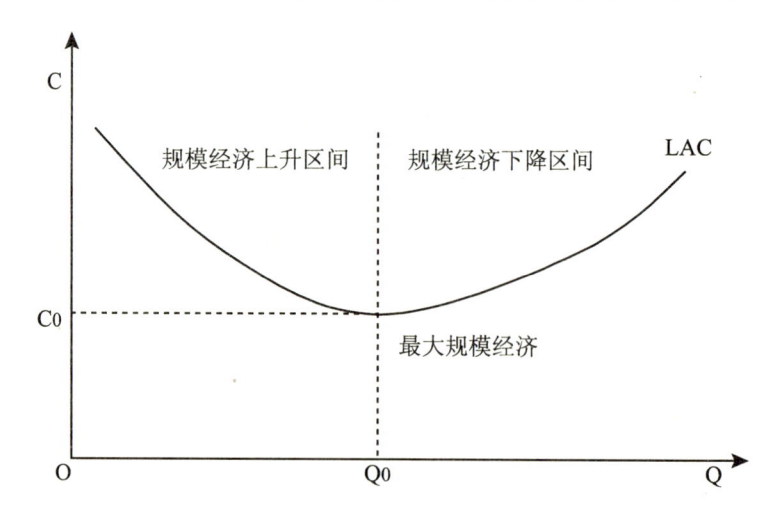

图4-7 规模经济变化趋势示意

资料来源：作者绘制。

第四章
新型产业分工形成的动力机制

汽车,扩大产量来获得更大的规模经济,并通过贸易满足消费者多样化需求,从而提高各国的福利水平。

新贸易理论较好地解释了规模经济对要素禀赋相似国家之间分工的作用,但其分析是建立在各国独立生产不同型号汽车全部过程的假设基础上的,如果将汽车产业链进行不同国家或地区间的环节分工,参与分工的国家或地区可以依照新贸易理论分析获得超过全过程生产带来的规模经济。由于不同生产区段对应的有效规模可能存在差别,那么新贸易理论中整条产业链的规模只能根据个别关键环节的有效规模来确定,其他环节便不能充分获取自身的规模经济利益。新型产业分工可以摆脱关键环节有效规模的约束,从而获得更大的规模经济。由于产业链不同环节的有效规模不同,将对应不同有效规模的各生产区段分离后,安排到不同地区进行,从而达到节省成本和提高经济效益的目的。卢锋对不同工序规模经济的差异情况作出了分析,如图4-8所示。假定某产业链共包括四个环节,

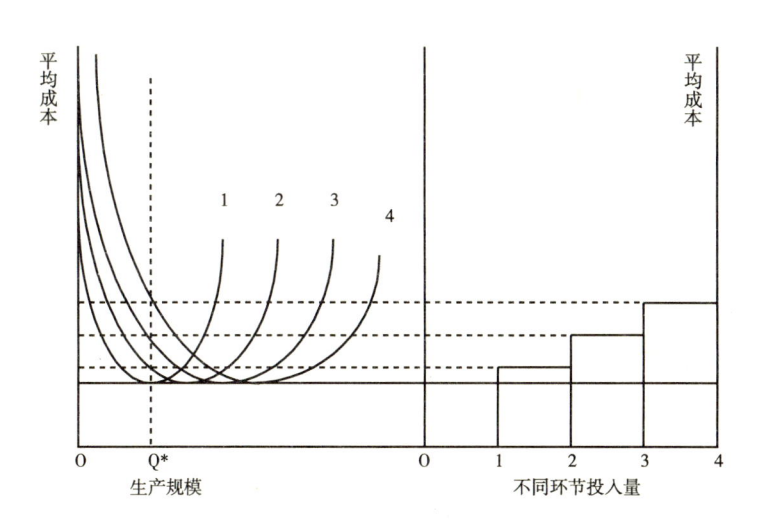

图4-8 产业链不同环节分工带来的规模经济

资料来源:卢锋(2004),P73;盛洪(1992),P49。

每个环节的成本属性派生出最佳规模差异,在图4-8的左边通过四个环节平均成本最低点对应不同产出规模水平来表示。图4-8的右边用间隔宽度表示不同环节在整个生产过程中相对数量的比重。纵轴表示不同环节的平均成本。图4-8中所示1,2,3,4环节由于产生了分离,可以根据自身规模经济的要求安排生产,即可以获得图4-8右边所示的由于不同投入带来的潜在成本节省或利益来源。

从规模经济角度分析,产业链各环节由于具有不同的最佳规模,为了节省成本和创造利润,会选择把不同环节分布到特定区域进行,由此可见,规模经济也是新型产业分工形成的一个重要动因,由于规模经济的存在,具有生产和资源条件相同或相似的区域也可以通过分工来获得收益。

从以上分析可以看出,要素禀赋和规模经济是新型产业分工形成的重要动因。产业链不同环节既可能存在要素需求和投入比例的差异,又存在规模经济的不同,而到底哪项因素对于地区的选择更重要,还要通过结合具体的产业来分析。要素禀赋差异可能形成区域的先天比较优势,规模经济是在产业发展过程中产生的,它可能更多形成区域的后天比较优势,但无论是要素禀赋,还是规模经济,都只是从生产要素配置效率的角度来解释产业分工形成的原因。从产业组织的角度来看,企业选择特定的区域安排生产,并且逐渐形成一定规模的集聚过程中,也会形成区域的另一种后天比较优势。以下将探讨这种集聚经济带来的后天区域比较优势对新型产业分工的作用。

三 集聚经济

由于产业链同类或相似环节的生产经营企业发展条件具有相似性,因此,它们对区位的选择也具有相似性。当一定数量的企业选择在同一地区时,可能出现集聚经济,这种由于集聚形成的区域比

第四章
新型产业分工形成的动力机制

较优势会进一步吸引同类产业的集聚，使集聚经济得到加强并促进专业化生产区域的形成。

1. 集聚经济的内涵

马歇尔对集聚经济做出了最早的研究，提出了"外部经济"这一概念。他在《经济学原理》一书中提出，工业之所以在产业区内集聚，除自然条件和宫廷的奖掖之外，获取外部经济是根本原因。马歇尔认为产业集聚的原因是：协同创新的环境；辅助性工业的存在；对专门技能的劳动需求与供给；劳动需求结构的不平衡；区域经济的健康发展；顾客的便利。克鲁格曼将马歇尔所描述的原因归纳为三点：丰富的劳动力供给、专业化供应商的存在和技术外溢。

工业区位论的创始人韦伯从区位角度阐述了集聚问题，并提出了"集聚经济"的概念。韦伯认为，集聚能够使企业获得成本节约的集聚经济，但前提是存在某种内外联系的工业按照一定规模集中布局在特定的地点。他对集聚经济下了这样的定义：集聚经济是由于把生产按某种规模集聚在同一地点进行，因而给生产或销售方面带来的利益或节约（韦伯，1909）。韦伯的集聚经济是建立在规模经济基础上的。1976 年英国的 K. J. 巴顿在他的《城市经济学——理论和政策》一书中也指出：当地理上的紧密接近能为企业与工厂产生外在利益时，就出现了集聚经济效益。

集聚经济是一种外部经济，它是来自企业外部的成本节约，是由同一产业或相关产业的空间集中带来的经济收益。这种经济收益主要指通过生产活动在特定地域范围内彼此接近，以及共享基础设施和专业化服务等获得的一种收益。集聚经济是企业集中到一定数量以后才出现的，当特定区域形成集聚经济优势以后，会吸引相关企业到本地区集中，进一步加强这种后天形成的区域优势。

2. 集聚经济对新型产业分工的作用

集聚经济是后天形成的一种区域比较优势，它对于新型产业分工的作用主要体现在促进专业化区域形成方面。当区域出现集聚经济以后，企业出于对利益的追求目的，会加快到本地区集中，进而形成专业化生产区域。集聚经济的促进作用主要体现在共享经济和关联经济两个方面。

（1）共享经济

一个区域的集聚经济最明显地表现为共享经济效应，包括基础设施等公共物品，专业化投入品和服务，非正式信息扩散带来的知识溢出，等等。

对区域基础设施等公共物品的共同追求是企业在特定区域集聚的一个动因。公共物品的供给有一定的规模门槛，只有产业集聚到一定程度后，一定水平的公共物品供给才是经济的。因此，包括基础设施在内的公共物品与产业集聚之间形成了一种双向机制，产业集聚形成的规模是公共物品发展的前提条件，而公共物品供给水平的提高又为产业的进一步集聚提供良好的发展环境。

同类企业集聚可以获得专业化投入品和服务的供给，并为更高水平的中间产品、辅助行业、专业服务的发展提供契机。产业链每个环节的发展，都需要专门的设备和配套服务，然而单个企业不可能提供足够大的市场需求来维持众多供应商的生存，一定数量的企业集聚在一起之后，才能扩大需求市场，使各种专业化供应商得以存在。对于区域专业化的劳动力市场和服务也是如此，只有当企业集聚到一定规模后，它们的出现才是经济的。专业化供应商和服务网络的发展，后来又成为更重要的集聚动因，吸引产业更大规模的集聚。

产业在特定区域的集聚有助于知识溢出，促进学习效应的出现和加快创新。这种知识溢出效应对同类企业也会产生集聚的吸引力。知识溢出的途径有两种：一是知识的正式扩散，通过研究自主创新的产品而获得信息；二是知识的非正式扩散，即拥有专业化知

第四章
新型产业分工形成的动力机制

识的人员之间通过非正式交流来传递个人思想与信息。企业的集聚可以产生非正式的信息扩散效应，因为同类企业内部具有专业相关的人才，他们在酒吧、茶室、聚会等活动中，不经意的闲聊就可能达到信息传递的效果，有些技术资料可能在许多企业、设计者和工程师之间流动。集聚的企业有比单个企业更好的知识信息获取渠道，通过这种非正式传播方式获得较大的益处。马歇尔在其产业区理论中提到，产业区的存在有利于技能、信息、技术诀窍和新思想在企业之间进行传播和应用，知识成为"弥漫在空气中"的公共物品，为所有企业所共享。这种知识的溢出和共享，有利于企业之间学习网络的形成，加快了集聚企业创新的速度。因此，集聚地区的知识溢出效应进一步吸引了外来企业的入驻，提高了地区专业化水平。

（2）关联经济

分工是发挥地区比较优势，提高生产效率的重要途径。然而，无论是产品的生产过程还是销售服务阶段都存在着一定的产业关联。如果地区生产系统能够给产业关联提供有利的条件，也可以成为地区吸引产业集聚并提高专业化水平的一项比较优势。

产业关联是指产业间以各种投入和产出为联结纽带的技术经济联系。产业关联的形式是多种多样的，按照产业关联的方向，可以将其分为纵向关联和横向关联。纵向关联是一种投入—产出联系，即一个企业的投入是另一个企业的产出，它是一种基于产业链纵向环节之间的联系。横向关联是为专业化生产部门提供产品和服务的产业联系，如汽车生产中某个制造环节与配套产业（电镀、组织、维修等）之间的产业联系。横向关联是建立在专业化协作基础上的产业关联。新型区域产业分工所指的产业链某工序环节在特定地区上的集中生产，与地区辅助产业间的联系就是这种横向产业关联。

产业链的某个环节选择在特定区域进行生产经营，它不可能将各项配套产业完全内部化，而需要当地其他企业提供一定的原材料、辅助产品或服务，为其创造更好的经营发展条件，可以称为特定区域内的产业关联经济。由配套产业围绕产业链的某个环节形成的横向产业关联，可以形成较大规模的专业化协作状态。横向关联可以有多层次的配套产业圈层，即在核心产业的配套产业外层形成第二层配套产业，在第二层配套产业以外再形成第三层配套产业等。当出现这种多圈层且较为稳定的横向关联时，集聚的规模与效益将随之提高（周起业等，1989），并可能进一步形成灵活专业化的当地生产网络。产业链某环节与当地企业由于横向产业关联而形成的集聚网络，具有明显的经济效应，它可以降低生产成本、促进专业化生产，并带来生产效率的提高。

3. 集聚经济形成的比较优势与适度问题

集聚经济可以形成区域比较优势，从而成为新型产业分工的一个动力机制。从集聚到区域比较优势的产生有一个过程，即集聚→集聚经济→比较优势，可分为两个阶段：（1）从集聚到集聚经济。企业在区域内形成集聚状态可能是偶然的，也可能是由某些特定因素导致的，例如，区域要素禀赋、政府优惠政策等，但集聚并不一定产生经济效应，只有当特定企业在区域内的集中达到一定规模时，才可能产生集聚经济。正如前面所述，公共物品或服务的提供只有达到一定规模后才能在经济上成为可能，共享经济才能出现。（2）集聚经济不断加强到比较优势的形成。当企业在特定区域集聚达到一定规模后才产生集聚经济。这时，集聚经济对区外同类企业产生一定的吸引作用，促使企业继续向本地区集中，由于企业对获得集聚经济的预期推动，集聚会比上一阶段有所加快，从而产生更大规模的集聚，集聚经济得到强化，当这种集聚经济达到一定程度后，区域比较优势开始显现。这种区域比较优势不但是一种后天

第四章
新型产业分工形成的动力机制

优势,而且有一个较为长期的形成过程。然而,一旦形成了区域比较优势,便会对区域分工产生影响,促进专业化区域的形成。

　　值得注意的是,集聚有一个适度的问题。在集聚经济的范围内,随着集聚规模的扩大,集聚经济也不断增加,但是,一旦超出了某个范围,过度集聚将导致负面效应,即集聚不经济。对于特定区域来说,它所提供的公共物品、原材料供应、市场及服务等都是有一定限度的,当企业集聚过度后,便会对公共基础设施、投入品等产生争夺,导致生产和经营成本的上升,即外部不经济。当外部不经济出现后,区外企业的进入速度可能减慢甚至停止,已有企业也可能迁出,集聚水平能否再继续提高取决于集聚经济与集聚不经济间的力量对比。因此,集聚经济所形成区域比较优势对区域分工产生的动力是有限的。

实证篇

第五章
从传统分工走向新型产业分工

本章首先分析我国产业分工发展的脉络，分析不同分工形式的历史背景与主要特征。由此提出，为规范我国区域发展秩序、促进区域经济协调发展，当前必须推动新型产业分工格局的形成。

第一节　我国产业分工的演变过程

新中国成立后，在相当长的时期内，我国区域经济主要以平衡发展的思想为指导，按照国家制定的计划方针，在全国范围内安排各项生产活动，力求改变我国生产力布局和经济发展水平严重不平衡的局面。平衡发展导向虽然起到了一定的积极作用，但由此形成了资源配置效率低下，地区间的产业分工薄弱，各项生产布局分散的区域发展格局。

改革开放以来，我国区域经济发展的指导思想发生了较大的转变，以非均衡发展思想为战略指导安排地区各项生产活动。从 30 多年的发展历程来看，区域间分工合作关系主要经历了三次重大的调整，在不同的阶段，区域分工格局差异显著。以下将对我国区域产业分工发展阶段特征做出分析，并由此提出，我国当前要做出走向新型产业分工的战略性转变。

一 梯度战略与三大地带间分工

十一届三中全会后，随着经济发展战略的转轨，在邓小平同志"两个大局"战略思想的指导下，区域经济发展提倡效率优先，并作出向沿海发达地区倾斜的战略转变。在此基础上，一些学者进行了区域发展战略探讨，其中，以三大地带为地域框架而提出的梯度发展战略较有代表性。他们主张集中力量首先开发条件较好的沿海地区，然后再依次向中部、西部地区推进。"七五"计划时期则明确地提出了以"梯度发展理论"为核心的较为完整的区域发展战略（张丽君，2006），认为"我国经济发展水平客观上存在着东、中、西三大地带的差异"。要加速东部沿海地带的发展，同时把能源、原材料建设的重点放到中部，并积极做好开发西部地带的准备。把东部沿海的发展与中西部开发结合起来，做到相互支持、相互促进。"七五"期间，国家实施了一系列政策来推动东部地区发展。国家率先对东部沿海地区实施了对外开放政策，而且对沿海少数地区产业实行全面的优惠政策，引导资金、劳动力和资源向发达地区的产业部门转移，推动沿海地区产业向高、精、尖、新方向发展；而广大中西部地区则以大力发展基础原材料工业为主。并通过地区间相互开放和平等的交换，形成合理的区域分工和地区经济结构。

实践证明，在"七五"规划的指导下，东部地区的加工工业得到了较快的发展，而中西部地区则以原材料或初加工为主，发展附加值较低的产业，逐步形成了东、中、西三大地带间的产业部门分工。部门（或产业间）分工是产业分工发展的初级阶段，对于区域比较优势的发挥较为粗略，而且，我国三大地带间的部门分工是在经济基础尤其是工业基础相对薄弱的条件下形成的，随着分工

第五章
从传统分工走向新型产业分工

的发展,它的负面效应逐渐显现出来:一是由于加工工业大多集中在沿海发达地区,而发达地区内部同类省区间未能形成合理的分工与合作,因此,造成了发达地区内部省区之间在资源和市场方面竞争激烈,甚至出现了恶性争夺现象,严重损害了区域整体利益。二是沿海发达地区和中西部地区间进行产业部门分工,沿海地区集中发展高端加工工业,而中西部地区则发展资源型产业,甚至许多中西部产业发展的目标就是为发达地区提供原材料或初级加工产品,因此,产品附加值的差别无疑会加大地区间经济发展水平的差距,我国对价格的行政性控制又进一步压低了资源型产品和农产品加工的附加值,加剧了地区间经济发展水平差距的扩大。1978~1995年,我国东部与中部地区间人均 GDP 相对差距由 33.1% 上升到 45.5%,东部与西部地区间相对差距则由 45.9% 迅速增至 56.5%,二者分别扩大了 12.4 个和 10.6 个百分点(魏后凯,2001)。

二 地区竞争与产业结构雷同

随着我国经济的不断发展,各地区的产业发展水平得到了普遍提升。并且随着经济体制改革的推进,中央向地方放权的力度加大,相继出台了一系列鼓励地区经济发展的政策措施,地方政府发展经济的积极性和主动性被调动起来。获得相当权益的地方政府,出于发展本地经济、增加地方财政收入、提高居民福利水平以及彰显政绩等方面的需要,竞相发展地区经济。各地大力推行招商引资、引进成套设备、发展附加值高的加工工业:东部沿海等经济基础较好的许多地区以电子、汽车、化工等为地区主导产业而展开激烈的竞争,导致许多省份间的产业结构雷同;与此同时,内地省份大多采取"资源转换战略",对本地资源实行区内加工增值,进一步强化了地区产业结构的雷同。

由于中央向地方放权的过程中,没有建立相应的约束机制来调节地区经济活动,因此,地方政府各自为政,将经济发展眼光局限在本地范围内,竞相发展某些相同类型的产业,生产建设重复布局现象严重,并引起了全国范围内的产业结构趋同。到20世纪90年代初期,产业结构雷同开始成为我国区域产业发展中的突出问题。在我国整体上处于短缺经济的时期,地区产业结构雷同并未产生明显的不利影响。然而,自20世纪90年代以来,我国工业基本结束了长达40多年的短缺经济状况,绝大多数工业产品都出现了不同程度上的生产能力过剩。供给过剩加剧了地区间的竞争,也使产业结构雷同的负面效应进一步加重。产业结构雷同使地区之间在原料、市场方面的争夺不断加剧,地区间行政封锁、阻碍要素流动、产品差别定价、地区贸易保护等恶性竞争致使资源配置效率低下,严重阻碍着区域经济协调发展与整体水平的提高。

按照本书对产业分工类型的划分,20世纪90年代后,对区域经济发展带来不利影响的产业结构雷同,主要是产业分工弱化的表现。一是地方经济发展各自为政,在产业选择方面具有很大的盲目性,难以形成合理的产业分工。因此,各地工业企业遍地开花,一应俱全,重复生产、重复建设的现象随处可见。据有关资料表明,在全国30个省、直辖市、自治区(不含重庆)制定的"九五"计划和2010年远景目标规划中,把电子工业列为支柱产业的有24个,把汽车工业列为支柱产业的有22个,把机械、化工列为支柱产业的有16个,把冶金列为支柱产业的有14个,产业结构趋同现象呈愈演愈烈之势(宋宪萍,2000)。二是地区发展某个产业时,将整个产业发展系统局现在本地区内部,区域间的产业关联较少,地区比较优势得不到充分发挥。为了维护局部利益,有些地方政府甚至以行政手段,采取人为分割市场、设置贸易壁垒等地方保护措施,包括封锁外地产品进入本地、规定本地只能消费当地产品、人为提高对外供应原材料价格等,使得一些价高质次的产品因受到地方保护而得以存在,难以形成较强的产业竞争力。

第五章
从传统分工走向新型产业分工

地区产业发展自成体系,甚至互相封锁,必然导致产业结构雷同和地区经济的恶性竞争,后果就是,区域比较优势得不到充分发挥,在区域内部无法形成具有较强竞争力的产业,而且区域整体经济实力也难以得到较快的提升。20世纪90年代末,我国生产能力过剩的局面日益突出,加上面临强大的国际竞争环境,许多地区的企业由于产销失衡、竞争力低下,而出现大量倒闭的现象,我国整体产业结构优化升级的任务迫在眉睫。

三 块状经济的繁荣与局限性

20世纪末期,我国地区产业结构雷同现象较为严重,许多地区在产业结构转型中步履维艰,产业竞争力日趋下降。东北地区以及东中部其他一些经济基础较好的省份在产业发展中也都面临较大的困难。与此同时,我国一些地区出现了经济增长迅速、产业竞争力较强的"块状经济"发展模式。块状经济是同一行业或产品环节在空间上集中而形成的专业化产业区或特色产业区(葛成立,2004),我国一些学者也将其称为产业集群或准产业集群。块状经济主要集中在东南沿海开放城市,珠江三角洲和长江三角洲是最为集中的区域,其次是环渤海地区。

珠江三角洲是我国最早开放的沿海地区,该地区发挥毗邻港澳台的优势,吸收大量的外商直接投资,依靠地区廉价劳动力在发展外向型加工业领域取得了较大成功。出于规避外部风险的需要,这种产业一开始就带有明显的地区集聚的特点。以代工生产为特色,珠江三角洲的许多地区集中了大量同类的外商投资产业,这些外商投资的集中地很快发展成为某一产业的集中地:东莞电脑及相关产业、惠州的电子信息业、佛山市顺德的家电产业、石湾镇的陶瓷产业、汕头市澄海的玩具产业、潮阳的针织品产业和中山市古镇灯饰产业等,都具有产品特色突出、企业生命力较强的特点。长江三角

> **新型产业分工：**
> 重塑区域发展格局

洲地区，尤其浙江和苏南等地的块状经济发展主要是地区民营经济自发形成的。"温州模式"和"苏南模式"都根据自身特点和市场经济发展规律取得了巨大的成就。苏州的高科技产业、宁波的服装产业、绍兴市的嵊州领带和大唐袜业、金华市的义乌小商品市场和永康五金产品、温州市的柳市低压电器品等都负有盛名，他们的产品不但满足了国内需求，而且打开了国际市场。环渤海地区也形成了一些特色的产业区，山东寿光的蔬菜业、河北清河的羊绒业以及中关村的高科技产业等都在增强产业活力、振兴地区经济中发挥了较大的作用。

　　块状经济是随着我国制度变迁、市场经济体制逐步完善而产生的。块状经济之所以繁荣，不但因为它发挥了地区特色，更因为它是分工不断深化的结果。块状经济体现了地区产品分工和产业链分工的特征，浙江省"一县一业"、"一乡一品"的经济发展模式具有较强的生命力和竞争力，对于发挥地区特色，带动地方经济起到了较大的作用；东莞和中关村的 IT 产业等是基于产业链分工的基础上发展起来的，东莞的 IT 产业是以外商投资为主，发挥地方廉价劳动力以及区位等优势的资本密集型产业，它基本处于产业链的加工制造环节；中关村则发挥地区知识、人力资本优势，在研发设计等高科技产业环节取得了一定程度的发展。

　　块状经济模式体现了产业分工深化的趋势，它以发展地区特色经济为突出特点，发挥了地区比较优势，提高了产业竞争力，促进了一定范围内的地区经济繁荣。但是，我们也看到，块状经济存在较大的局限性，不可能成为当前全国范围内的区域产业发展模式，主要原因有：第一，块状经济的产业关联范围有限，难以产生较大区域的经济带动作用。我国当前的块状经济以传统产业居多，主要依靠低廉劳动力来获取竞争优势，地区间的相互关联较少，珠江三角洲、长江三角洲的专业镇都存在这样的问题，即使中关村的高科技产业也仅处于世界产业链某个环节，没有形成较大范围的产业辐

第五章
从传统分工走向新型产业分工

射力。第二,从块状经济的区域分布特征来看,大多位于城市周边地区而非城市中心地带。由于块状经济主要集中在加工工业,大城市或城市的核心区不适宜发展这种类型的产业,因此,块状经济的繁荣,只能局限在大城市周边地区或中小城市甚至乡镇范围内,这种发展模式难以成为全国区域或大都市圈范围内产业分工的范式。

结合以上对我国改革开放后区域产业发展各阶段的分析,从分工角度对其主要特征进行总结:(1)三大地带的部门分工过于粗略。由于当时处于中央政府的统一规划和完全调控之下,东中西三大地带的产业部门分工较为明确,然而,部门分工难以发挥地区比较优势导致我国经济发展梯度更加明显,区域经济差距进一步扩大。(2)产业分工的模糊导致产业结构雷同的出现。20世纪80年代中期之后,随着中央政府权力的下放,地方政府发展经济的权限扩大,各省份竞相发展高附加值的产业,导致全国范围内普遍出现了产业结构雷同的现象。这种产业结构雷同,是一种部门间的雷同,不但造成了一定程度的重复建设与浪费,也损害了地区产业竞争力的提升。(3)产品分工与产业链分工出现。我国东部沿海一些块状经济的繁荣,体现了产品分工的优势。从我国产品分工的发展形势来看,它比部门分工更能发挥地区比较优势,但是地区间的产业关联却较弱,只能促进个别地区的产业发展,难以形成较大范围内的产业分工与协作。产业链分工是一种新的产业分工形式,但目前来看,它只在我国某些产业环节或特定区域出现,尚未形成较大范围的产业链分工。

第二节 新型产业分工战略的提出

通过以上对我国地区产业分工各阶段的特征分析,笔者认为,以产业链分工为主要特征的新型产业分工更适合于一体化的大都市圈或具有一定梯度的大范围区域。

新型产业分工：重塑区域发展格局

新型产业分工在区域发展中得以实现，是各类要素资源在区域发展过程中逐渐开发、整合和提升的结果。其实现的过程可分为三个阶段：首先分析区域发展的各项要素条件，然后通过市场作用进行生产和交换的选择，在要素流动和集聚的基础上，最终形成功能专业化区域。

一　要素条件

区域是由某些要素的附存和运动而形成的一个系统性载体。区域存在的条件，包括自然资源及赋存条件、经济发展基础、区位与交通信息条件、人口及社会基础、环境容量及承载力等。

自然资源及赋存条件是区域形成发展的自然基础。一个区域最初在选择发展农业、工业或商业等时都直接或间接地来源于当地的自然资源及赋存条件，即使现在，仍有完全依赖自然资源和赋存条件而存在的一些资源型城市、畜牧业基地、商品粮基地等。经济发展基础包括的范围较广，例如，基础设施、产业结构、市场条件、管理水平、服务体系及配套设施等。它是区域经过一定程度的开发后所形成的优势；区位与交通信息条件既包括区域原始的自然地理位置，也包括经过一定发展阶段后形成的经济区位优势。区位优势可以给区域发展创造奇迹，一些自然资源短缺的区域可以凭借其优越的经济区位获得较快发展，例如，东南沿海的上海、深圳等地凭借其港口优势，吸引了大量的资源流向当地并快速发展起来。随着交通成本及信息条件的变化，区位条件也是动态和发展变化的；人口及社会基础条件，不但决定了地区劳动力供给及保障因素，而且也包括本地区消费主体的各项特征。区域发展的阶段越高，本地赋存或通过吸引形成的有关人口数量和素质的影响力就越大；环境容量及承载力这一条件在我国以往的区域开发中很少提到，但近年来随着我国人口、经济与环境矛盾的日益凸显，国家在区域开发和规

第五章
从传统分工走向新型产业分工

划中开始重视环境条件。在我国"十一五"规划中,明确指出"根据资源环境承载力、现有开发密度和发展潜力,统筹考虑我国未来人口分布、经济布局、国土利用和城镇化格局",环境容量大、开发密度低的地区将具备较大的开发潜力,反之,已经进行了大规模开发、环境承载力开始减弱的地区就要放慢发展速度或加快经济转型。区域发展既包括区域经济社会的发展,也包括生态环境的提升。

按要素的流动性特点可分为流动性要素和不可流动性要素。不可流动性要素包括自然资源和自然条件,人文资源(主要指文物古迹、风俗人情),社会资源(主要指制度),基础设施。不可流动性要素是区域产业选择的基本依据。可流动性要素主要包括原料、劳动力、资本、技术。其中,劳动力、资本、技术在经济学中一般被认为是最基本的生产要素。

二 生产与交换的选择

不可流动性要素对于区域来说只能作为要素或产品供给本区域内市场,区域在不可流动性要素方面没有提供要素和提供最终产品的选择余地。不可流动性要素资源,如土地、气候资源等,对区域发展的制约非常明显,是区域功能专业化发展中优先考虑的因素。

在要素可流动性的前提下,区域面临生产与交换的选择,即区域要在提供要素还是提供商品之间做出选择。一个地区在占有一定的生产要素的情况下,为了供给本地区内外需求并获得利润,一是可以选择生产,即在其优势资源的基础上(并可能从区外引进其他配套资源)生产出更多的商品,并通过为区内外提供商品而获得商品属性的报酬。二是可以选择直接交换,即区域可以将其赋存的要素资源直接供给区外,并获得相应的报酬。区域选择"出口"商品还是"出口"稀缺的生产要素,主要遵循以下方式。

首先,要看追求的目标:(1)区域总体利益最大化。即追求 $U = f$

$(u_1, u_2, \cdots, u_n)$ 中的 U 最大（其中，U 表示区域总体利益，u_1，u_2，$\cdots$，u_n 表示各要素的利益）；（2）各要素的利益最大化，即 u_1，u_2，$\cdots$，u_n 分别最大，而 u_1，u_2，$\cdots$，u_n 分别最大时，U 未必最大。

然后，要看原料与商品之间的替代程度。一是区外其他配套资源的条件，即区外原料的可获得性；二是将原料和商品的可运输性进行比较，即如果从原料到商品是增重过程，且市场半径超过本地区区域界限，那么商品在区域间的流动将取代原料；如果生产过程是减重的，单位商品重量比原料少，就应该"进口"原料。另外，最终生产地的确定还包括规模经济、集聚经济等影响因素（中国人民大学区域经济研究所编著，1997）。

通过以上的选择过程，功能区确定根据自身的资源条件选择在本地区进行生产，然后通过区域间的商品贸易获得利润，还是直接输出资源而获得报酬。这项选择决定区域的产业类型和发展路径，也决定了本功能区在整个产业链中的位置，如图 5-1 所示。

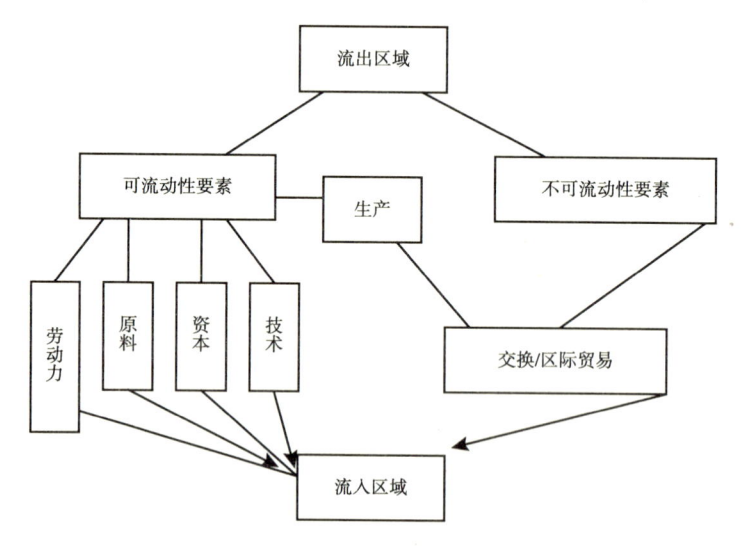

图 5-1 区域生产与交换过程示意

第五章
从传统分工走向新型产业分工

三 功能专业化的形成

新型产业分工必须在长期、稳定的区域产业战略协作基础上进行,它客观上要求在全国范围甚至更广阔的范围内进行产业间的分工与合作。产业链各环节跨区域分布,可以充分发挥地区比较优势,提高产业整体竞争力,而且这种分工形式可以通过产业链关联打破区域间各自为政的局面,促进区域间的交流与合作。

功能专业化区域的形成实际上就是区域财富的创造或集聚。国家在主体功能区划中将区域提供的产品划分为工业品和服务、农产品、生态产品三种类型,但产品范围未能涵盖所有与人类有关的财富内容,例如人文风情、历史古迹等。本书借鉴三大财富的分类方法,以财富的来源及创造方式为依据,将区域所能提供或创造的产品分为自然财富、劳动财富和人文财富三类。其中,自然财富是大自然赋予人类的,包括自然环境(如阳光空气、青山绿水等对人类产生影响的自然环境)和自然资源(如能源、矿产等);劳动财富是人类劳动创造的,包括工业产品、农业产品和服务;人文财富是在人类生活中产生的或者历史遗留下来的,包括文物古迹、历史文化、风俗人情等(李海舰、原磊,2008)。那么,由以上财富创造和集聚而形成的功能区,可称为自然财富功能区、劳动财富功能区和人文财富功能区。国家范围内的新型产业分工主要有以下两种方式。

(1)按照产业链特点,推动全国范围内分工与协作

从产业角度,产业链各环节在不同区域进行了纵向分离,然后通过区域间的产业关联形成最终产品或服务;从区域角度,各地区按照产业链的不同环节、工序甚至模块进行分工,形成同类产业集中的功能专业化区域。从最初发挥区域比较优势开始,通过建立在要素禀赋差异基础上的产业链分工,不同类型的区域可以更有效地

整合区域资源,在专业化区域的形成过程中,比较优势得到进一步加强,形成专业化功能区,并通过跨区域要素的有序流动及产品交换,加强区域合作,共同建立合理的区域分工体系(见图5-2)。

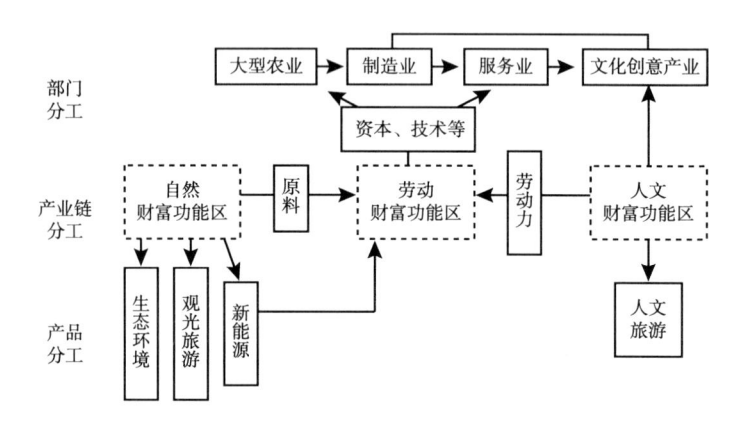

图5-2 跨区域新型产业分工体系示意

在国家范围内推动新型产业分工的形成,是在全球范围内产业分工框架下进行的,但它与全球范围内分工相比,现实意义却更明显。

第一,在全球范围内,国家作为独立的主体,在经济发展中要注意产业结构与比例的协调、产业的配套和完整性,但国家内部的区域则不然,区域间的要素流通和产业联系要比跨越国界容易得多,区域只要发挥自身优势,致力于某些产业或产业链环节的发展,就可以创造区域产业竞争优势,获得区域经济的快速增长。

第二,由于产业链各环节的价值分配存在差别,在全球范围内进行产业链分工,可能导致"极化"与"边缘"格局的形成,使经济发展不平衡的形势进一步加剧。但在一个国家内部,产业链分工的负面效应则可以通过国家政策进行消除,通过适当的措施平衡区域间利益分配。

第五章
从传统分工走向新型产业分工

（2）以大都市圈为单元，加快新型产业分工进程

都市圈的概念最早要追溯到法国地理学家戈德曼（Jean Gottmann）。1957 年戈德曼根据对美国东北海岸地区的考察，提出了影响深远的"都市圈理论"。戈德曼指出，在美国东北海岸这一巨大的城市化区域内，支配空间经济形式的已不再是单一的大城市，而是聚集了若干个大城市，并在人口和经济活动等方面有密切联系的巨大整体，他将其称为 Megalopolis（Jean Gottmann，1957），汉语译成都市圈、大都市带、城市群或都市连绵带等。国内学者在 20 世纪 90 年代开始使用都市圈的概念。1990 年，高汝熹最早提出了中国的圈域经济概念，数年以后，高汝熹等系统地论述了城市圈域经济发展理论。继而，我国许多学者对都市圈理论进行了探讨。概括来看，都市圈一般是指在特定的区域范围内，基于紧密的自然联系和经济联系，借助现代化的交通工具、综合运输网络以及高度发达的信息网络，具有相当数量不同性质、类型和等级规模的城市所共同构成的功能一体化区域。它的本质是由一组不同等级城市所形成的相互串联、高度集中的经济地带（阎金明，2003）。

我国在区域经济发展过程中，出现了引起世界关注的三大经济热点地区，一是长三角地区，二是珠三角地区，三是京津大都市地区，我国许多学者将其称为都市圈。这三大都市圈以占全国 6.3% 的国土面积和 24.2% 的人口，生产了全国 48.3% 的国内生产总值（GDP）（陈耀，2005）。三大都市圈已成为我国发展活跃的经济区域，并日益成为我国经济增长的推动力。从三大都市圈的经济发展来看，它们各自都有产业发展特色，而且体现出相对独立的产业体系。都市圈之间的产业关联不大，而都市圈内部则表现出较为明显的垂直分工与协作，长三角地区尤为突出。当前，以都市圈为主要单元，推动新型产业分工的形成，是较为现实的选择。

新型产业分工：
重塑区域发展格局

我国地域范围广阔，自然条件差异巨大，区域经济发展也极不均衡。从国家范围来看，大城市或特大城市已经成为经济相对发达的地区，表现出经济增长极的特征，而大城市周边地区则分布着一些中等或小城市，它们之间由于各项生产要素条件的差异，在产业选择上存在一定的分工协作，而且由于地域的临近性在产业联系方面也较为紧密，可以共同形成一定特色的产业集中区。如果将这种以城市为主导的产业集中地区称为都市圈经济区或都市圈的雏形，那么，我国除了长三角、珠三角和京津冀以外，还可以找到一些类似的都市圈区域，我国学者王建就曾提出过"九大都市圈"（王建，2003）。以都市圈为单元，在大都市圈内部按照各地比较优势，构筑一个面向全国的新型产业分工体系，加强城市功能专业化以及各等级城市间的紧密合作，可以创造产业的整体竞争优势，并逐步形成优势互补的区域发展格局。

由于都市圈赋存或吸引生产要素资源的优势明显，一般可以形成独立的产业部门，并通过集聚等方式形成区域部门专业化；随着分工的深化以及专业化程度的提高，继而形成产业链分工，并形成产品专业化区域；在区域资源逐渐优化配置和产业结构不断调整过程中，集聚经济的作用日益显著，产业链分工开始形成并逐渐成为主导形式。在大都市圈内，大都市中心区着重发展公司总部、研发、设计、培训，以及营销、批发零售、商标广告管理、售后服务等产业环节；大都市郊区和其他大中城市侧重发展高新技术产业和先进制造业；其他城市和小城镇则专门发展一般制造业和零部件生产（见图5-3）。

推动产业链不同环节在空间上的纵向分离和同类环节的相对集中，在国家范围内实行新型产业分工战略，可以发挥地区比较优势，提高区域产业的竞争力。而且一项产品或服务的最终形成，要

第五章
从传统分工走向新型产业分工

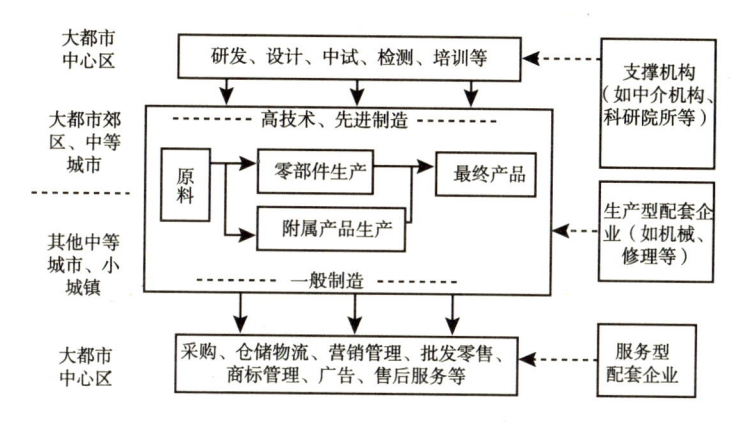

图 5-3 产业链在大都市圈内部的分工体系

通过产业链各环节的共同作用来实现，产业链的不同环节对各项生产要素的要求不同，进行产业链分工可以避免区域间产业结构雷同带来的重复建设与恶性竞争，促进区域联合。

第六章
京津冀地区产业分工的实证研究

在以上章节中，对新型产业分工的类型、特征，以及动力机制等进行了较为详细的研究，并对我国产业分工发展的脉络进行了梳理。然而，新型产业分工是一个较为新鲜的事物，它能否在我国的具体区域发展中得到验证便显得十分重要。本章内容选取我国特定的区域进行实证研究，试图通过一定的方法，分析在不同区域是否存在产业链不同环节的纵向分离，以及在同一地区是否存在横向产业集中现象的出现。

第一节 衡量指标与方法

对新型产业分工的实证研究，主要是分析产业链各环节是否依据其所需条件，在不同区域形成了分工状态或发展趋势，换言之，即不同类型的区域是否按照产业链分工而形成了一定程度的功能专业化。由于新型产业分工出现的时间较晚，从分工发展的历程来看，它还不能视为一种成熟的分工形态，而且，在我国经济发展的现阶段，产业发展刚蓬勃兴起，区域经济协调也有待完善，因此，要取得较满意的实证结果，必须选择适当的区域进行研究。另外，从现有文

第六章
京津冀地区产业分工的实证研究

献来看,对于新型产业分工的实证研究可以借鉴的先例较少,而且产业链不同环节的分工较为复杂,选择适当的研究方法便显得尤为重要。

由于产业链各环节的构成较为复杂,为了使产业链各环节区域分工现象相对明显,首先将产业链各环节进行归纳。从产业链分工来看,一条完整的产业链可以分为九个环节,即从总部、R&D、产品设计、原料采购、零件生产、装配、成品储运、市场营销到售后服务。根据这些产业链环节的不同条件要求,可归纳为四种类型:总部、研发设计、加工制造、营销与服务,见表6-1。

表6-1 产业链主要环节与区域分布特征

产业链环节	所需条件	城市或区域类型
总部	经济与社会基础条件优越、人力资源丰富、通信设施完善、金融商业环境优越、政府服务与专业服务效率高、区域开放程度高、市场辐射力强	国家或区域中心城市、特大城市、大都市圈中心区
研发设计	人力资源丰富、大学及科研院所力量强大、科技成果总量大,环境质量较高	中心城市、特大城市、大学城区
加工制造	劳动力等资源丰富、成本较低,一定的生产基础与配套产业建设,基础设施健全,物流条件优越	大中城市、大都市圈外围区域或城市郊区
营销与服务	商务设施健全、信息基础设施优越、金融保险等业务发展健全、专业服务意识及效率较高、区域开放程度高	国家或区域中心城市、特大城市、大都市圈中心区、大城市

资料来源:作者整理。

本章对产业链在不同区域的分工进行实证研究,将按照以上四个主要环节进行。但是,由于各个环节的特征不同,因此,受到目前各项统计指标和数据的限制,难以采取统一的度量方法。而且,由于企业层面的数据较难获得,本章采用行业统计数据近似代替,只能反映产业链分工的大体趋势,地区产业之间的关联性难以体现。

结合企业调查数据与国家统计数据,根据产业链各个环节的区域分布特点,采取不同的研究方法进行研究,具体思路与方法如下。

第一,总部环节的研究。对于总部的统计主要参考《中国总部经济发展报告》,并结合一些典型企业的调查数据,进行案例研究,分析总部的分布是否主要集中在特大城市或都市圈的核心区域。

第二,研发设计环节的研究。由于企业的研发设计数据难以获得,从企业层面上进行统一的度量无法进行。本章采取间接度量的方式,用地区科技人员的就业比重来衡量各城市之间的研发设计水平及分工状况。

第三,加工制造环节的研究。加工制造环节包括的类型较多,例如原料采购、零件生产、成品装配等,但它们主要集中在生产制造领域,对区域生产条件的要求类似,因此,采用行业统计数据和制造业就业人口比重等指标来衡量各区域或城市之间的分工差异。

第四,营销与服务环节的研究。营销与服务环节是一个较为庞杂的环节,它涉及政策环境、商务信息设施建设、服务意识及效率等多个方面,从企业层面上进行统计研究较为困难,因此,采取服务业就业人口比重来进行区域差异的度量,并结合典型的金融、保险、售后服务等服务行业进行分析。

本章根据我国现有的统计数据及资料,将不同的指标与衡量方法结合起来,首先对产业链是否在不同类型区域内出现各环节相对集中的分工状态作出总体的测度,然后选择特定产业做进一步的分析。

第二节 区域选择和范围界定

一 京津冀地区范围及发展状况

京津冀地区是我国经济最具竞争力和活力的三大都市圈[①]之

---

① 三大都市圈为长三角都市圈,珠三角都市圈和京津冀都市圈。

第六章
京津冀地区产业分工的实证研究

一,通常也被称为京津冀都市圈。对于京津冀都市圈的范围学者们有不同的意见,从一些研究文献来看,"1+1+8"模式得到较多的认可,它指以特大城市北京、区域中心城市天津为核心,包括河北省的石家庄、唐山、保定、秦皇岛、廊坊、沧州、承德、张家口8个城市的圈层地区。可以看出,这种"1+1+8"模式的确定主要以城市规模及发展水平为主要依据,选择了河北省经济发展水平较高的8个城市。但是,都市圈内部城市间联系的强弱并非以经济发展水平为唯一依据,还要考虑地理位置、历史渊源等多个方面。而且,随着时间的推移,经济的迅速发展,京津冀地区内部的联系范围在不断扩大,因此,本章在研究中将京津冀都市圈的范围加以拓展,即北京、天津两市及河北省的全部范围,或简称为京津冀地区。京津冀都市圈土地面积为21.64万平方公里,人口8916.57万人,2004年都市圈实现地区生产总值16164.82亿元,分别占全国的2.25%、6.86%和11.81%(见表6-2)。

表6-2 2004年京津冀都市圈各城市基本情况

城 市	年末总人口 (万人)	土地面积 (平方公里)	地区生产总值 (万元)	三次产业比
北 京	1162.89	16800	42833100	2.40:37.60:60.00
天 津	932.55	11920	29318800	3.58:53.21:43.20
石家庄	917.55	15848	16334594	14.11:48.63:37.27
唐 山	710.07	13472	16263343	13.12:56.26:30.62
秦皇岛	275.82	7523	4534443	10.46:41.33:48.21
邯 郸	863.35	12062	9364918	13.35:52.15:34.50
邢 台	671.97	12486	6355770	17.73:57.05:25.22
保 定	1088.28	20584	11108786	16.02:48.98:34.99
张家口	449.82	36873	4001082	14.55:48.65:36.80
承 德	360.82	39548	3006156	18.27:49.63:32.09
沧 州	679.36	14053	7741155	15.99:50.18:33.83
廊 坊	389.82	6429	6048000	15.32:53.81:30.87
衡 水	414.27	8815	4738046	17.76:53.07:29.17
合 计	8916.57	216413	161648193	—

资料来源:《中国城市统计年鉴(2005)》。

京津冀城市群的密集度较高，经济规模较大，初步形成了以首都北京为核心的京津冀都市圈。需要注意的是，国外大都市圈规划大多在围绕中心城市半径100～150公里圈内，人口大致为1000万～1500万人，而京津冀都市圈则是一个半径约260公里的大区域，人口也近达9000万人。选择这样一个较大的空间范围，其优点就是能够在更大的区域范围内发现资源配置、分工协作的现象及规律，而明显的缺点就是共同利益基础较少，协商成本大，较难形成统一的分工协作机制。

二 选择京津冀地区的原因

选择京津冀都市圈作为实证研究的对象，分析都市圈内的产业分工现状是否已表现出新型产业分工的态势，主要考虑以下几点原因。

1. 京津冀都市圈发展层次较明显

京津冀都市圈分为较明显的三个层次，北京为一级核心，天津相对于北京为次级中心，而河北省的广大地区则为第三层次。在这三个层次中，城市发展的条件不同、定位不同，因此，从理论上分析，该都市圈可以形成较明显的产业分工协作体系。北京定位为国家首都、世界城市、历史名城、宜居城市，应发挥政治、文化、科技与信息优势，发展总部经济；天津作为我国北方重要的工业城市，经济力量雄厚、制造业发达，借助其港口优势应该规划建成"国际港口大都市和北方经济中心"，重点发展现代制造和研发转化、海洋高新技术产业、国际航运和国际物流产业等（肖金成等，2006）；河北省作为京津两市的主要依托，自然资源丰富、劳动力价格较低，并具有一定的工业基础，应建成重化工业和制造业基地，同时建成京津农副产品供应基地、劳务输出基地、能源和水资源基地及绿色生态基地。因此，三地存在跨区域分工协作的现实需要和可能性。

第六章
京津冀地区产业分工的实证研究

2. 京津冀地区产业发展有一定基础

京津冀都市圈是我国发展基础较好、最具发展潜力的经济区域之一。目前，该都市圈内各地区间的分工合作已经具有一定基础。京津冀都市圈是我国的政治文化中心所在地，也是目前我国北方经济发展水平最高、发展潜力最大的经济核心区域。依据区域的资源禀赋和发展基础，京津冀都市圈近期以发展知识型产业为龙头，现代制造业为重点，加工型工业为支撑，逐步发展成为经济、社会、环境协调，具有国际、国内竞争力并带动中国北方经济发展的经济（尤其是知识经济）中心区域，远期则以发展成为全球经济系统的重要节点和对全球经济有强大影响及控制力的世界城市区域为目标。

京津冀都市圈产业发展已形成了一定的梯度，在统筹区域经济发展的新形势下，将京津冀都市圈发展的重大问题纳入区域经济规划统筹考虑，找准自身的比较优势，明确功能定位，并制定相应的战略措施，是实现京津冀都市圈协调发展、发挥区域整体效应的必然选择。

3. 都市圈内部产业分工研究具有较强的现实意义

都市圈经济是区域经济的重要组成部分，都市圈范围的大小取决于城市经济能力大小以及区域之间经济社会联系的强度，主要包括城市的吸引力、辐射力和中介力（陈安国等，2006）。在我国区域经济发展过程中，都市圈是发展较快的区域，而且对于周边地区的带动作用也较为明显，因此，都市圈成为较明显的区域经济增长极，对于我国整体经济的发展意义重大。从目前来看，我国三大都市圈内部虽然都存在着一定的产业分工协作，但是，要素流通不畅通、区域内部产业一体化程度过高、分工程度较弱或不合理的状态依然存在，影响了区域资源配置效率的提高和区域经济发展的整体水平，因此，选择特定的都市圈进行产业分工的研究，对于指导都市圈经济发展具有较大的现实意义。

第三节 京津冀地区产业分工状况

本节内容将按照以上所做的产业链四个主要环节划分，进行京津冀都市圈内产业分工状况的研究，并在不同时间段上进行比较，分析产业分工的变化趋势。

一 企业总部

现代大型企业内部组织层次结构有多种，其差异主要表现为总部与下属经营单位之间的权力分配，其共同点是战略性决策和经营性决策的分离，它们分别由总部和下属的生产经营单位承担。在现代大企业中，总部是一个相对独立的层次，它一般不直接参与下属单位的生产、经营活动，主要职能有两个方面：战略研究和实施；交易协调和资源配置。总部的职能决定了它所需要的区位条件，一般选择高端服务业发达、交通通信条件优越、科技资源和高素质人力资源丰富以及政府服务规范的地区。

1. 跨国公司地区总部在京津冀地区的分布

跨国公司总部分为跨国公司总部和跨国公司地区总部。跨国公司总部是公司的最高决策中心和神经中枢，就其职能而言，跨国公司总部一般分为管理经营型和功能开放型两类。跨国公司地区总部是较次一级的机构，是公司经营战略地区化和全球化过程中一个重要的地区组织机构。地区总部的核心职能是促进公司有形资源的彼此联系和相互作用，具有决策中心、经营中心、服务中心和管理中心等多种职能。

尽管争夺地区总部的城市很多，跨国公司在华设立的地区总部95%以上选择在北京和上海两个国际大都市。截至2005年底，在北京落户的各类跨国公司地区总部已有35家，经商务部认定的跨

第六章 京津冀地区产业分工的实证研究

国公司地区总部已有 16 家,经北京市认定的跨国公司地区总部已有 29 家,经两者同时认定的有 10 家,见表 6 – 3。

表 6 – 3　在京认定为跨国公司地区总部的公司名录

序号	公司名称(所在国家)	备注	序号	公司名称(所在国家)	备注
1	ABB(中国)有限公司(瑞士)	★▲	19	百特(中国)投资有限公司(美国)	▲
2	爱立信(中国)有限公司(瑞典)	★▲	20	北电网络(中国)有限公司(加拿大)	▲
3	爱普生(中国)有限公司(日本)	★▲	21	东陶机器(中国)有限公司(日本)	▲
4	摩托罗拉(中国)投资有限公司(美国)	★	22	东芝(中国)有限公司(日本)	▲
5	日立(中国)有限公司(日本)	★▲	23	得利满有限公司北京联络处(法国)	▲
6	三星(中国)投资有限公司(韩国)	★▲	24	IBM(中国)有限公司(美国)	▲
7	松下电器(中国)投资有限公司(日本)	★▲	25	卡特比勒(中国)投资有限公司(美国)	▲
8	索尼(中国)有限公司(日本)	★▲	26	康柏(中国)投资有限公司(美国)	▲
9	西门子(中国)有限公司(德国)	★▲	27	康明斯(中国)投资有限公司(美国)	▲
10	伊藤忠(中国)集团有限公司(日本)	★▲	28	朗讯科技(中国)有限公司(美国)	▲
11	丰田汽车(中国)投资有限公司(日本)	★	29	乐金电子(中国)有限公司(韩国)	▲
12	葛兰素史克(中国)投资有限公司(英国)	★	30	曼内斯曼(中国)有限公司(德国)	▲
13	佳能(中国)有限公司(日本)	★	31	诺基亚(中国)投资有限公司(芬兰)	▲
14	卡夫食品(中国)有限公司(美国)	★	32	诺维信(中国)投资有限公司(丹麦)	▲
15	欧姆龙(中国)有限公司(日本)	★	33	雀巢(中国)有限公司(瑞士)	▲
16	日产(中国)投资有限公司(日本)	★	34	施奈德电气(中国)有限公司(法国)	▲
17	阿尔斯通(中国)投资有限公司(法国)	▲	35	正大(中国)投资有限公司(泰国)	▲
18	阿海珐(北京)咨询有限公司(法国)	▲			

注:★经商务部认定　▲经北京市认定。
资料来源:参见北京市统计局《北京市第一次全国经济普查总部经济发展分析》。

在京津冀地区，北京是跨国公司地区总部聚集的区域，天津与河北等地还没有被商务部或当地认定的地区总部。世界500强在华地区总部、办事处、事务所中，有7家在京设立了地区总部，而只有4处办事处和分支机构选址在天津市。

2. 国内大型企业总部在京津冀地区的分布

国内大型企业总部的选址与跨国企业类似，大多分布在北京、上海等特大城市以及地区中心城市。按企业营业收入划分的中国100强和500强企业，其总部在京津冀地区的分布，见表6-4。从表6-4中可以看出，中国100强和500强企业总部在北京地区的集中分布十分明显，而且在前10名的企业中，有9家总部设在北京。

表6-4 2005年中国企业100强和500强总部在京津冀地区的分布

省市	100强企业		500强企业	
	数量（家）	比例（%）	数量（家）	比例（%）
北京	48	48	91	18.2
天津	2	2	24	4.8
河北	2	2	21	4.2

资料来源：赵弘（2006）。

从以上的分析来看，无论是跨国企业还是本地企业，它们都倾向于将其产业链的总部环节布局在特大城市或都市圈的核心区域。企业总部在京津冀地区的分布相对集中在北京市，形成了较为典型的总部专业化区域。首都北京作为京津冀都市圈的核心，依托独特的全国性资源优势，成为全国性企业设立总部或华北总部的首选地，北京作为企业总部集中区域的态势已初步显现。

企业总部在北京市内的分布也较为集中，已初步形成了中央商务区（CBD）、金融街、中关村科技园区海淀园三大总部集聚区。以

第六章
京津冀地区产业分工的实证研究

朝阳区为依托的中央商务区是跨国企业地区总部最为密集的区域，拥有跨国企业地区总部20余家；金融街是中国金融资产最密集的区域，已初步形成了金融企业总部集聚区；中关村科技园区海淀园则集中了北京大部分高科技研发总部。而这三大区域的范围基本集中在北京市最繁华的内城区域，企业总部在周边各区县的分布极少。

二 研发设计

产业链的研发设计环节是技术要求最高的环节，同时也是处于产业链价值分配高端的环节。产业链的研发环节不但可以与其他环节紧密相连，共同创造价值，而且由于科技的发展，很多研发环节可以相对独立，例如，电脑、汽车等行业的模块化技术使很多研发机构可以独立运作。鉴于研发机构的大量存在以及它们相对独立性的特征，可以将其称为研发产业。研发产业在选址时，首先考虑的是研发资源状况，同时考虑基础设施、配套设施、生活服务机构等多项条件。研发资源包括科技资源、教育水平、人力资源等多个方面。一般来说，研发机构选择在科技人才密集、开放程度较高、技术沟通和交流通畅，并且政策环境与公共服务良好的区域。

1. 跨国企业与国内大型企业研发机构的分布

北京作为我国的政治、知识和文化中心，是全国资本流、人才流、物资流、信息流汇集和分配的枢纽，自然成为跨国公司在亚洲地区重要的R&D投资地。据北京市统计局资料显示，截至2005年底，跨国企业在北京建立的研发中心已达239家；《财富》杂志世界500强企业中，已有上百家在京设立了研发机构。北京科学研究中心计量部对上述研发机构中的76家进行调查发现，76家研发机构共有R&D人员13378人，年研发经费达到23亿元人民币，年人均研发经费为17万元人民币。结果表明，外资在北京的研发力量较为雄厚。

国内大型企业的研发机构也较多聚集在北京,建立驻京 R&D 机构成为外埠大型企业的发展趋势。自 1998 年北京市出台鼓励外埠企业设立驻京 R&D 机构的政策之后,外埠大型企业在京设立 R&D 机构掀起了热潮。据北京市试验区管理委员会等调查统计,1998 年外埠大型企业在京设立了 9 家 R&D 机构,1999 年又有 10 家建立,2000 年新增 14 家,2001 年新增 19 家。截至 2002 年 8 月底,已有 87 家外埠大型企业在京设立了 103 家 R&D 机构。2002~2006 年新增 7 家,另有众多大型企业拟在京建立 R&D 机构。

目前,跨国企业及国内大型企业的研发机构在北京市的分布也较为集中。国内外企业的研发机构中有一半以上设在科技最为密集的海淀区中关村和上地基地,其余 R&D 机构分布在朝阳区、西城区等地。截至 2005 年 10 月,中关村科研园区已吸引世界 500 强企业设立的研发机构 42 家,包括微软、Intel、AMD、甲骨文、宝洁等一大批世界 500 强企业和国际知名企业,都在海淀园设立了研发中心。此外,海淀园还有国内大型企业设立的 R&D 机构 69 家。中关村核心区包括上地信息产业基地作为北京高新技术企业的重要集聚地,已经成为外埠大型企业设立驻京 R&D 机构的首选之地。朝阳区 CBD 商务圈、开发区、金融街等地由于地域的特点和交通的关系,也有少量大型企业选择在这些地方建立地区 R&D 机构。

天津和河北省在吸引跨国企业研发机构方面明显落后于北京,2005 年统计的世界 500 强企业中,只有 4 家在天津建立了办事处和分支机构,没有研发企业的落户。由于缺少国内大型企业研发机构在天津和河北省的统计,无法就具体企业在京津冀地区的分布情况做出比较。但从研发机构的选址条件,以及对北京市所作的不完全统计来看,北京在研究与开发方面的战略性地位在京津冀地区乃至全国已初步显现。

第六章
京津冀地区产业分工的实证研究

2. 京津冀地区研发产业发展状况对比分析

地区研发产业的发展状况可用不同的方法来反映：一是直接的方法，即通过地区研发企业的数量及产值等情况直接衡量。二是间接的方法。通过与研发产业有关的数据，例如，研发投入、从业人员比例等，间接反映研发产业的发展状况。由于地区之间企业层面的统计数据较难获得，本章采取就业人口的数据，比较京津冀地区研发产业的发展水平，分析研发产业在大都市圈内部的分工状况。

借鉴杜兰顿和蒲伽（Duranton 和 Puga，2002）采用企业拥有管理人员比重来测算美国城市功能专业化水平的方法，本章采用2006年《中国科技统计年鉴》和《中国统计年鉴》中的数据整理出从事科研人员所占地区人口比重，并以此来衡量地区研发产业发展水平。

表6-5 2005年京津冀地区研发产业发展水平比较

地区	科技活动人员总数（人）	其中：			地区人口总数（人）	科技活动人员比重（%）
		研究与开发机构	大中型工业企业	高等院校		
北 京	352588	103139	38165	46171	15360000	2.30
天 津	90680	9903	32184	12433	10430000	0.87
河 北	123246	9579	66670	12698	68440000	0.18
京津冀	566514	122621	137019	71302	94230000	0.60
全 国	3814654	455901	1679221	470910	1306280000	0.29

资料来源：据2006年《中国科技统计年鉴》和《中国统计年鉴》整理计算。

从科研活动人员占地区总人口的比重来看，京津冀地区存在明显的三个层级，北京从事科研活动人员的比重为2.30%，远高于京津冀0.6%的平均水平，更高于全国平均水平。天津从事科研活动人员的比重为0.87%，仅为北京的1/3强，而河北省则仅为天津的1/5。

北京科研活动从业人员较高的比重，显示了它在人力资源、科

| 新型产业分工: |
| 重塑区域发展格局 |

技成果以及研发产出等方面的优势,也从侧面反映了该区域研发产业具有较为雄厚的力量。在科技方面,北京的研发、科技经费与其他城市相比都较为充足,技术交易市场相当活跃,并且在科研经费与技术交易量方面一直保持较快的增长。2004年北京科技活动经费支出总额为510亿元,比上年增长10.6%,其中R&D经费支出300亿元,相当于全市生产总值的7%。2004年,北京技术市场交易总额425亿元,比上年增长60.1%;在人才方面,北京更是居于全国之首。北京是全国最大的教育基地,有500个博士培养点,博士培养规模占全国的1/3;有1081个硕士培养点,硕士生占全国的1/5。高等院校数量、教职工人数、在校学生等都远远大于上海、天津、广州等其他城市,人才优势尤为显著。技术和人才是研发产业发展的两大核心资源,北京正是凭着这两大资源而成为研发产业聚集基地的。

天津科研活动人员比重与北京相比,存在较大的差距,研发力量明显落后于北京,而与河北相比,则高出很多。这与天津的经济发展类型与发展水平是相符合的。天津作为北方最大的沿海开放城市,在经济实力、科研水平等方面均具有一定的优势,尤其是滨海新区的开发,有力地推动了天津经济的发展。天津的教育、科技基础较好,在全国范围内处于前列,但在京津冀地区则次于北京。天津科研活动人员比重高于京津冀地区平均水平,更高于全国平均水平,这说明天津在研发能力上仍处于较高的水平。因此,天津在研发产业发展方面,可以凭借其通信产业、贸易型产业等相对良好的基础,与北京研发产业形成一定的错位发展,逐渐形成京津冀地区研发产业的次级核心。

河北省的科研活动人员比重较低,不但处于京津冀地区最低的层次,而且低于全国平均水平,这表明在研发产业发展方面,河北目前尚处于劣势。从理论角度分析,产业链根据区域比较优势产生

第六章
京津冀地区产业分工的实证研究

各环节的分工,在京津冀都市圈内,河北省的人力和科技资源不存在优势,那么,研发产业环节应尽可能不选择在河北省发展。从科研从业人口比重角度反映出的研发产业分布状况来看,也证实了这种分工现象的存在。

三 加工制造

1. 测度方法与数据选择

加工制造环节在行业分类中基本集中在制造业领域,因此,选择制造业统计数据近似代替加工制造环节企业的汇总数据。仍然采用人口指标,即制造业职工数占地区职工总数的比重,表示制造业的地区专业化程度。

为了分析加工制造环节在京津冀区域分工的变化情况,选取1997、2001、2005年三年的数据,进行比较。本章在选择年度进行比较时,注意到如果年份较早,制造业发展的规模较小,从业人员比重较低,分析其功能专业化特点的意义不大,初始年度选择20世纪90年代中期或中后期比较合适。另外,进行比较的年度要有一定间隔,变化才能较为明显,因此选择间隔长度为4年。

2. 京津冀地区加工制造环节分工状况

结合表6-6数据和图6-1所显示京津冀地区制造业职工人口比重的总体特征及变化趋势,作以下分析。

第一,总体来看,京津冀地区制造业在天津的集中较为明显。在分析的三年中,制造业职工所占比重最大的都是天津,明显高于京津冀地区和全国平均水平;其次为河北,与京津冀地区平均水平相当;北京的比重最低,也低于京津冀地区和全国平均水平。

第二,从变化趋势来看,只有天津制造业职工所占的比重没有表现出下降的趋势,甚至在最近几年还出现了较明显的上升,而北京和河北则表现出明显的下降趋势。京津冀地区和全国的制造业职工比重也整体呈现下降趋势,这与随着技术进步、生产设备水平不断提高,制造业所需人员出现普遍下降的情况相符合。

表6-6　京津冀地区制造业职工人数比重变化状况比较

地区	1997年		2001年		2005年	
	制造业职工数(万人)	制造业职工比重(%)	制造业职工数(万人)	制造业职工比重(%)	制造业职工数(万人)	制造业职工比重(%)
北京	127.1	27.3	89.2	22.3	95.4	21.3
天津	128.0	45.5	74.9	40.7	71.5	42.3
河北	236.5	34.9	141.2	27.2	118.5	24.5
京津冀	491.6	34.5	305.3	27.7	285.4	25.9
全国	5083	34.7	3010	27.9	3096.5	28.5

注：职工人数指在岗职工数。
资料来源：据1998、2002、2006年《中国统计年鉴》计算。

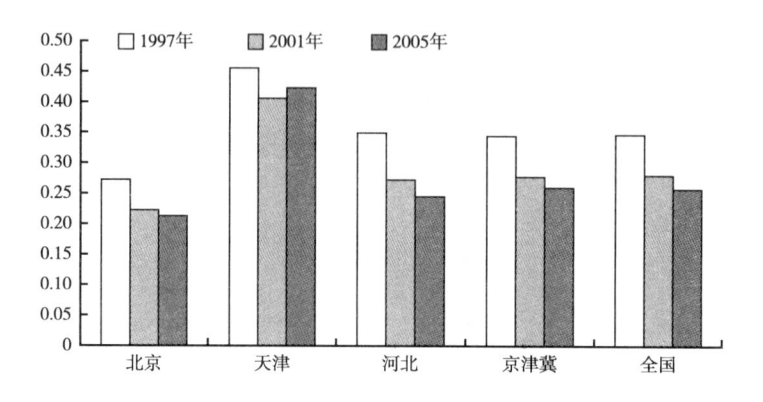

图6-1　1997、2001、2005年京津冀地区制造业人数比重变化

这可以从地区比较优势与要素成本的角度分析其原因：加工制造环节是产业链上技术需求相对较低的环节,它对土地、矿产资源、水资源及一般劳动力等区域常规资源的需求较为突出,在产业链中处于价值分配相对较低的位置。天津是制造业基础发展较好的地区,不但可以满足加工制造环节的需求,而且资源的综合成本相

第六章
京津冀地区产业分工的实证研究

对较低,加上天津的沿海区位和交通优势,为加工制造业原料进入和产品运出提供了良好的条件。北京能源紧缺,土地、水资源不足,在加工制造业所需的常规资源方面不具优势,而且要素成本高,不利于发展一般的加工制造业。河北具有资源丰富、要素成本较低的优势,但由于其制造业基础与天津相比较为薄弱,而且,天津一直加大开发力度,尤其随着滨海新区的开发,许多工业园区的建设,在电子通信、石油开采与加工、海洋化工、现代冶金、机械制造、生物医药和食品加工等领域形成了较大的规模,促进了产业向本地区的集中,进一步加快了加工制造业的发展。

四 营销与服务

营销与售后服务环节是产业链的末端环节,属于服务业领域,由于它包含的行业较多,技术水平差异大,统计的难度也较大。而且,营销与售后服务环节大体有两种情况:(1)营销与售后服务环节在企业内部一体化进行;(2)地区为营销提供一定数量的独立服务业。对于营销与售后服务环节没有成为独立核算企业的情况,本章不做分析。对于独立的销售与售后服务业,分两种情况:(1)销售和一般售后服务业。一般售后服务业常从属于销售企业,而不做专门统计,所以,以批发和零售业的数据近似代替。(2)知识或技术密集型的高端服务业,将根据行业的主要特征进行归类分析。

1. 销售和一般服务环节

以下采用批发和零售业职工人口比重,近似度量产业链的销售和一般服务环节在京津冀地区的发展状况。

从表6-7和图6-2显示的数据来看,京津冀地区批发和零售业职工人数总体所占的比重总体较小,大约为10%,而且在比较的三年中,北京、天津和河北普遍出现批发和零售业人数比重的下降趋势,天津的下降幅度更为显著。这说明销售和一般服务业在京

表 6-7 京津冀地区批发和零售业职工数占地区职工
总人数比重变化状况

地　区	1997 年		2001 年		2005 年	
	批发零售业职工人数（万人）	批发零售业职工比重（%）	批发零售业职工人数（万人）	批发零售业职工比重（%）	批发零售业职工人数（万人）	批发零售业职工比重（%）
北　京	55.4	11.9	40.1	10.0	34.3	7.6
天　津	33.1	11.8	13.1	7.1	8.8	5.2
河　北	75.6	11.2	44.2	8.5	26.6	5.5
京津冀	164.1	11.5	97.4	8.8	69.7	6.3
全　国	1774	12.1	840.0	7.8	508.3	4.7

注：职工人数指在岗职工数。
资料来源：据 2006、2002 年和 1998 年《中国统计年鉴》有关数据整理计算。

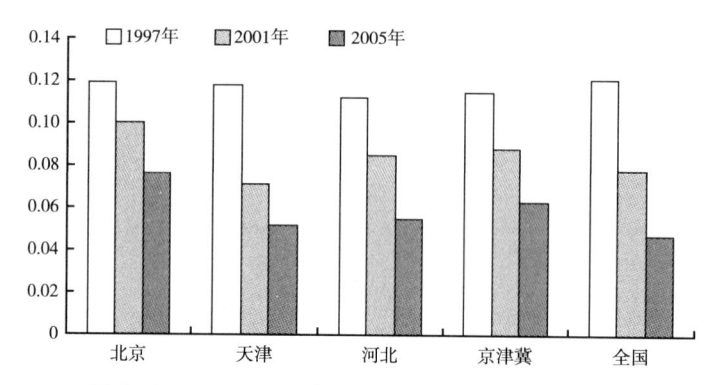

图 6-2 1997、2001 年和 2005 年京津冀地区批发和
零售业人数比重变化

津冀地区的总体功能较弱，且呈现削弱趋势。而且京津冀地区之间在销售和一般服务环节上的分工也不明显。

2. 高端服务环节

"厂商控制力"理论认为，随着经济的发展，企业的金融、信息、会计、法律、产品营销及服务等环节，逐渐从企业内部分离出来，在社会上形成独立的厂商服务机构，而且，这些服务机构一般

第六章
京津冀地区产业分工的实证研究

集中在大城市。大城市不但通过这些厂商服务机构为城市内部的工商业服务，而且，也通过发达的服务机构控制城市以外的产业。这些独立的服务机构在很大程度上是指城市的知识型服务业，作为产业链的末端环节，这些服务机构控制着产业链价值分配的又一个高端。

高端知识型服务业主要包括：由银行、证券、信托、保险、租赁等组成的现代金融服务业；由通信、网络、传媒、咨询等组成的信息服务业；由会计、审计、资产评估、法律服务等组成的中介服务业以及由教育、培训、展览、国际商务、现代物流等组成的现代服务业等。高端知识型服务业的发展对所在地区的经济、人文、社会等综合条件提出了较高的要求。高端知识型服务业在不同区域的分工，从一定程度上体现了地区综合发展水平的差距。

参照我国行业分类标准，将信息传输、计算机服务和软件业；金融业；租赁和商业服务业；科学研究、技术服务和地质勘查业；教育业五大类，归为高端知识型服务业，近似代表地区高端服务业的发展水平。由于高端服务业发展在近几年才取得较快的发展，因此，进行纵向比较时，采用2003、2004、2005年三年的统计数据。

表6-8 京津冀地区高端服务业职工人数占地区职工总数比重变化状况

地区	2003年		2004年		2005年	
	高端服务业职工数（万人）	高端服务业职工比重（%）	高端服务业职工数（万人）	高端服务业职工比重（%）	高端服务业职工数（万人）	高端服务业职工比重（%）
北京	117.0	26.8	122.5	27.4	129.4	28.9
天津	29.6	16.9	29.5	17.1	31.1	18.3
河北	109.2	22.4	112.3	23.4	114.4	23.7
京津冀	255.8	23.3	264.3	22.4	274.9	24.9
全国	2165.8	20.6	2205.9	20.9	2268	20.9

注：职工人数指在岗职工数。
资料来源：据2004年、2005年和2006年《中国统计年鉴》计算。

通过对表6-8和图6-3综合分析，可以发现高端服务业在京津冀地区分布的一些特征。

第一，京津冀地区高端服务业环节总体发展较快。三年中，北京、天津和河北的高端服务业比重都出现上升的趋势，而且都略高于全国平均水平。

第二，京津冀地区在高端服务业环节存在较明显的分工。从三年平均水平来看，北京一直处于最高位置，而且上升幅度也最大；河北次之；天津在高端服务业环节的发展相对缓慢，不但远远低于京津冀的平均水平，而且也低于全国的平均水平。从变化趋势来看，虽然京津冀三地高端服务业比重都在提高，但是，北京和河北上升的幅度比天津明显。

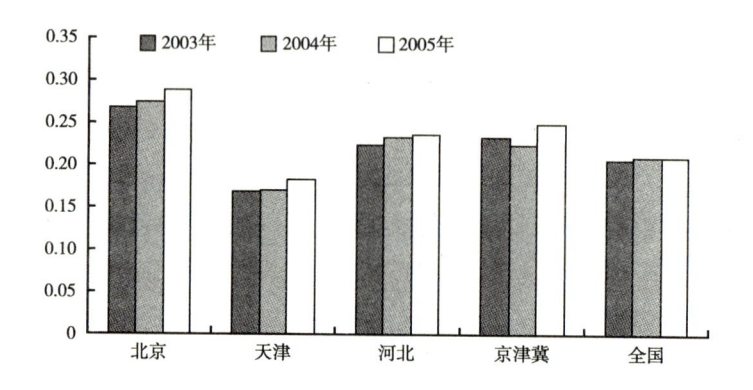

图6-3 京津冀地区高端服务业人数比重变化示意

高端服务业的发展不但与区域条件有关，更重要的是其与区域产业基础紧密相连，因为它是作为服务环节的配套产业而产生的。产业链总部和研发设计环节集中分布在北京市，与之相配套的高端服务业也必然相继集中在本地区；天津市的加工制造环节突出，尤其是近几年制造业比重不断加大，对高端服务业发展的带动作用较弱；河北作为京津冀都市圈的外围区域，高端服务业所占的比重应

第六章
京津冀地区产业分工的实证研究

该相对较低，但其比重仍占到 20% 以上，主要原因是教育业这一项职工人数较多。

五 结果分析

从以上对京津冀地区产业分工的分析来看，新型产业分工在京津冀都市圈范围内已有一定程度的显现。在产业链的总部、研发设计、加工制造、营销与服务四个主要环节上，北京作为一级中心和其他地区的分工较为明确，但天津作为次级中心城市和河北之间的分工还有待调整。

第一，作为特大中心城市，北京成为企业总部和研发机构聚集的核心区域，而与之相配套的高端服务业在本地的发展也较为迅速，都市圈中心城市的作用得到较好的发挥；天津作为京津冀都市圈的次级城市，主要发挥其加工制造基础良好、劳动力和土地成本较低，以及港口航运业的优势，在制造业领域取得了较大的发展；河北在企业总部、研发以及高端服务业方面较北京落后，在制造业方面与天津有明显的差距。

第二，天津和作为都市圈外围地区河北之间的分工状况并不明显。一方面，天津在科研人员力量方面优于河北，但近几年，天津在制造业领域取得了较快的发展，相比之下，自然资源丰富、各项要素成本更低的河北却在制造业领域的发展相对缓慢。另一方面，从销售和服务环节来看，天津的发展较为落后，其从业人口比重低于河北。这说明在近几年，尤其是随着滨海新区的开发，天津在招商引资方面取得了显著成功，制造业发展迅速，但与之相适应的销售及服务环节却有待提高；而河北省，由于其产业基础及各项设施条件相对较弱，难以与天津比拟，制造业发展仍相对缓慢。但是，随着天津制造业的进一步发展，相应的销售与服务业要配套发展，而且土地等各项要素成本必然上升，一般制造业可能逐渐转移，向周边地区扩散,届时,天津与河北省的产业链分工可能得到加强。

从总体来看,京津冀三地可以发挥不同的地区优势,实现一定程度的功能专业化分工。新型产业分工实现了管理控制、加工制造以及销售服务等职能的分工和专业化,使地区比较优势得到较好的发挥。以下以汽车产业作为案例,分析汽车产业链在京津冀地区的分工状况。

第四节　汽车产业在京津冀地区的分工状况

一　汽车产业与产业链的特点

1. 汽车产业的特点

汽车产业是一个资金、技术和人才密集型产业,是一个产业关联度高、产业带动作用较明显的产业。汽车产业链的关联效应明显,上游涉及冶金、钢铁、机械、电子、橡胶、石化、塑料、玻璃、化学、纺织等工业领域,下游延伸到商业、维修服务业、金融保险业、运输业和公路建筑等诸多行业。因此,汽车被许多国家列为支柱产业(梁武波等,2006)。汽车产业能吸收和容纳多种新技术、新材料、新工艺、新设备,形成巨大的生产规模和市场规模,创造较高的产值和税收,因此,它对国民经济拉动作用较大且相对持久。在经济起飞和工业化阶段,汽车可以成为经济增长的动力、产业结构升级的载体,这一结论已被诸多国家的实践所证实(厉无畏等,2005)。

我国汽车工业经过50多年的发展历程,已初步形成了相对完整的工业体系,奠定了产业发展的基础。1971年我国汽车产量突破10万辆,1980年突破20万辆,1992年突破100万辆,2000年

第六章
京津冀地区产业分工的实证研究

突破200万辆,2004年突破400万辆,实现了跨越式发展,而且在近10年间呈现明显的加快趋势。从1999年开始,汽车工业以高于整个工业的发展速度增长,2002年,对整个工业增长的贡献率超过10%,对整个工业利润增长的贡献率达到19.3%,成为各行业之首,并成为我国国民经济第5大支柱产业。从全国范围来看,汽车产业形成了明显的五大集聚区:东北地区、京津冀地区、长江三角洲、长江中游地区、珠江三角洲。各集聚区内汽车生产自成体系,形成了不同类型的汽车产业基地。东北地区形成了一汽集团、一汽大众、一汽轿车为主的长春汽车产业基地,京津冀地区的汽车工业由北京和天津两大汽车产业基地构成,长江三角洲形成了以上海为中心的汽车产业基地,长江中游有武汉和重庆两大产业基地,珠江三角洲汽车工业主要集中在广州及其周边地区。

2. 汽车产业链的特征

汽车产业由于其强大的产业关联性,其产业链之长是其他产业无法相比的。总体来看,汽车产业链可以归纳为四个主要环节:(1)研发设计。主要指产品的工艺技术设计与开发。(2)零部件制造。(3)整车生产。(4)销售及售后服务。如图6-4所示。

汽车是一个发展历史较长、标准化程度较高的产业,产业链各个环节在技术上的可分离性较强,而且,汽车产业链不同环节对原材料、能源资源、劳动力、技术等要求差异较大,因此,汽车产业可以通过不同方式跨区域甚至国界组织生产。鉴于汽车产业链的上述特点,选择汽车产业作为新型产业分工的案例较为合适。

二 京津冀地区汽车产业总体状况

北京市汽车工业发展历史较长,北京吉普最初是我国自主研发生产的知名品牌,并且成为我国汽车领域第一家合资企业。然而,汽车产业作为北京市一个较为完整的支柱产业体系来发展,则在近

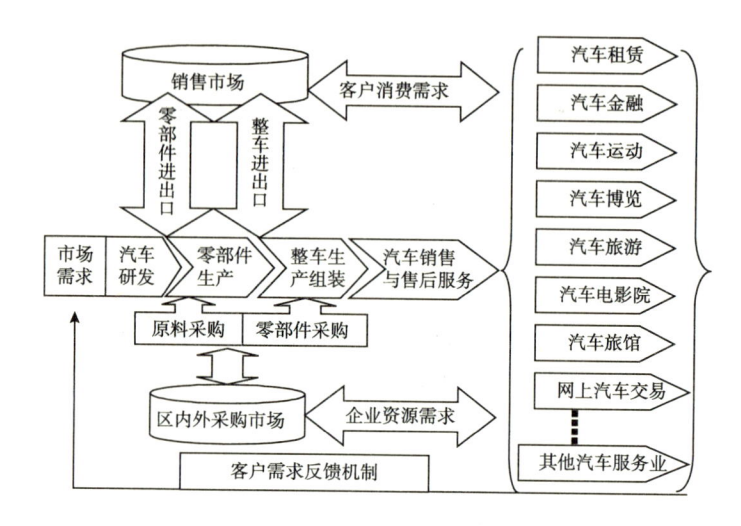

图 6-4　汽车产业链示意

资料来源：朱晓龙（2006），载魏后凯《打造北京市主导优势产业链研究》，2006 年北京市工业促进局委托研究项目。

几年才确立。在北京汽车制造厂有限公司联手北京现代汽车有限公司、戴姆勒－克莱斯勒之后，北京的汽车产业呈现蓬勃发展的势头。目前来看，北京已经形成了以北京现代、北京奔驰、北京福田和北汽有限为主的四大汽车产业板块。2005 年，北京汽车工业实现产值 710 亿元，同比增长 14.5%，占北京工业总产值的 10.5%；实现增加值 150.5 亿元，同比增长 12.6%，占全市工业增加值的 8.8%。北京市将汽车产业确定为北京现代制造业的"龙头"，不断加大投入，试图在中高档汽车、尤其是轿车领域形成较大的竞争优势。

作为天津市的支柱产业，天津汽车拥有诸多优势。天津一汽夏利汽车股份有限公司作为天津市最大的汽车生产企业，一直保持着年产销 10 万辆以上的份额，在天津以及全国的汽车行业都占有重要地位。在与日本丰田合作之后，天津汽车集团又与中国一汽集团

第六章
京津冀地区产业分工的实证研究

完成了战略性重组,为当地汽车工业的发展奠定了良好的基础。目前,天津已初步形成了以天津一汽、夏利、一汽丰田为主的汽车产业基地。普及型轿车是天津市汽车增长速度最快的领域,私人轿车市场将是天津市轿车生产企业今后重点开发的市场。

河北省的汽车制造主要集中在卡车和零部件生产领域。截止到2005年底,共有整车制造和改装企业40家,规模以上零部件企业200多家。河北省汽车企业数量不多,但也有一些优势。河北长安微型卡车2005年销售量占全国微卡市场的45%,成为同行业第一。长城皮卡在全国市场占有率为26.6%,连续7年位居全国市场第一。长城工业园区、河北长安工业园区的零部件产业发展较为迅速,不但供给省内汽车产业,而且与国内许多知名企业形成了固定的产业配套关联。

三 汽车产业链在京津冀地区的分工

1. 研发设计环节

我国汽车产品和制造技术与世界先进技术水平相比还很落后,这一特点在京津冀地区尤其突出。京津冀地区汽车工业企业已经能够进行某些轿车车身的开发设计,但尚不具备成熟的、较高水平的整体轿车开发能力。汽车产业在知识产权和自主品牌方面较为欠缺,同时也导致汽车零部件生产设计方面与国际先进水平存在较大差距。

从表6-9可以看出,北京奔驰、现代、丰田和北汽有限四大汽车集团主要产品的核心技术基本来自国外相关的合资企业;天津市有一汽夏利和吉利两大自主品牌,但其核心技术主要来自日本和韩国,称为日韩车系;河北省整车生产主要属于长安汽车集团,核心技术来自美国福特等企业。京津冀地区汽车工业的研发设计是建立在引进国外相关企业核心技术基础上进行的技术改进和产品升级,

表 6-9 京津冀汽车主要产品的技术来源

地区	生产企业	主要产品	技术来源
北京	北京奔驰汽车有限公司	BJ2020	自主设计
		JEEP2500、大切诺基	戴姆勒—克莱斯勒公司
		帕杰罗、欧蓝德	日本三菱公司
	北京现代汽车有限公司	现代索纳塔、伊兰特	韩国现代汽车有限公司
	北汽福田汽车股份有限公司	欧曼、欧V	德国奔驰重货技术
	北京汽车制造厂有限公司	皮卡、SUV	日本丰田汽车公司
天津	天津一汽夏利汽车股份有限公司	夏利 TJ1701	日本大发汽车公司
		夏利2000、威姿、威乐	日本丰田汽车公司
	天津一汽华利汽车股份有限公司	幸福使者、特悦、佳星	日本大发汽车公司
	天津一汽丰田汽车股份有限公司	威驰、花冠	日本丰田汽车公司
河北	河北长安汽车有限公司	SC1016基型、单排星卡	日本铃木汽车公司
	河北长城汽车股份有限公司	皮卡哈弗CUV	自主设计

资料来源：据中国汽车工业信息网、《中国汽车工业年鉴（2006）》整理。

基于地区优势进行自主研发的份额较少，因此，目前三个地区在研发设计环节谈不上明显的分工。

2. 加工制造环节

京津冀地区汽车产业的研发设计环节较为薄弱，整体上仍处于产业链的制造阶段，利润也主要集中在生产环节。以下将以零部件制造和整车生产组装两部分数据，采用区位商衡量地区专业化程度，结合整零比指标测算地区汽车产业制造环节的自给程度，探讨加工制造环节在京津冀地区是否存在专业化分工。由于我国汽车零部件从2002年以后才单独统计，因此，可进行年度比较的数据较少。

第六章
京津冀地区产业分工的实证研究

区位商的计算公式为：

$$LQ_{ij} = \frac{e_{ij}}{e_{nj}} / \frac{E_{in}}{E_{nn}} \qquad (6-1)$$

式中，LQ_{ij} 为 j 区域 i 产业的区位商；e_{ij} 为 j 区域 i 产业经济水平；e_{nj} 为 j 区域所有产业的经济水平；E_{in} 为所有区域 i 产业的经济水平；E_{nn} 为所有区域所有产业的经济水平。在本章分析中，采用工业生产总值表示产业经济水平。若 $LQ_{ij} > 1$，则说明 j 地区 i 产业有一部分是为区外服务的，LQ_{ij} 最大的产业为 j 地区的专业化产业，LQ_{ij} 越大表明专业化程度越高。

汽车产业的整零比指整车和零部件的产值比，它可以近似地反映地区或企业产业配套的方式，即通过自给或外部供给的情况。计算公式为：

$$R = 1 / \frac{A}{I} \qquad (6-2)$$

式中，R 表示整零比，A 表示零部件工业总产值，I 表示整车的工业总产值。汽车产业加工制造环节在京津冀地区分工状况见表 6-10。

表 6-10 汽车产业加工制造环节在京津冀地区分工状况

地区	2003 年 区位商 整车	零部件	整零比	2004 年 区位商 整车	零部件	整零比	2005 年 区位商 整车	零部件	整零比
北京	1.15	0.52	1:0.21	1.12	0.79	1:0.32	1.08	0.91	1:0.49
天津	0.58	1.42	1:0.67	0.98	1.20	1:0.56	1.09	0.99	1:0.53
河北	0.65	1.71	1:1.21	0.62	1.40	1:1.03	0.60	1.27	1:1.22
京津冀	1.02	0.90	1:0.46	1.16	0.85	1:0.46	1.08	0.93	1:0.58
全国	1.00	1.00	1:0.52	1.00	1.00	1:0.63	1.00	1.00	1:0.67

资料来源：北京华通人数据中心 2003、2004、2005 年中国工业四位数行业数据，国家信息中心中国经济信息网《中国行业发展报告》有关数据整理计算。

(1) 零部件制造环节

据表 6-10 计算的结果，绘制京津冀地区零部件制造环节和整零比三年的折线图，见图 6-5 和图 6-6。

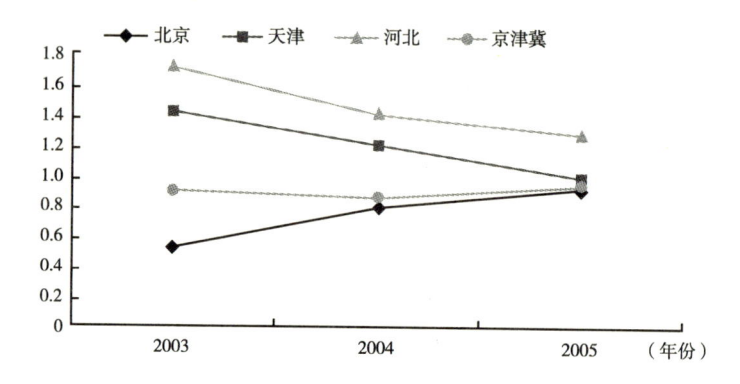

图 6-5　汽车零部件环节在京津冀地区的分布情况

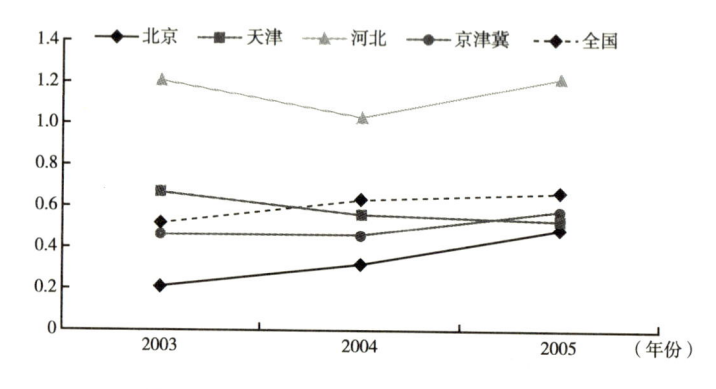

图 6-6　京津冀地区汽车产业整零比情况

结合表 6-10 和图 6-5 所示汽车零部件在京津冀地区的分布状况以及图 6-6 汽车产业整零比的数据，作以下分析。

第一，北京、天津、河北三地在汽车零部件制造环节的专业化程度有较大的差异。北京汽车零部件的区位商虽然在三年中从 0.52、0.79 到 0.91，处于上升状态，但其数值一直小于 1，这说

第六章
京津冀地区产业分工的实证研究

明北京市汽车产业零部件有一部分要从区外引进；相比之下，河北和天津的汽车零部件区位商则大于1，说明其中一部分可以为区外服务。因此，从区位商的数值做出初步判断，北京与河北、天津在汽车零部件制造方面存在专业化差异，并可能存在一定程度的分工，即河北和天津为北京的汽车制造提供一定的零部件产品。

第二，从北京、天津、河北三地汽车产业的整零比数值来看，北京、天津两地的整零比都大于1，河北省三年的整零比略小于1。据了解，国际上发展历史较长的汽车城整零比大概在1∶1.3~1.8之间，只有达到1∶1.3以上的数值，汽车城内才能基本实现较完整的零部件供货需求。因此，从整零比的数值推断，北京、天津、河北三地在汽车零部件生产方面目前都还较为薄弱，它们可能更多的是要从京津冀地区以外的区域购进零部件。

由于汽车企业的零部件供应商信息属于企业的机密，无法获得此方面的公开数据，笔者只能通过对京津冀地区一些政府部门的访问调查了解到，京津冀地区汽车零部件除了区内自给之外，主要来自地域上临近的山东省，还有小部分从国内其他省份采购。

山东省汽车工业总体发展较快，尤其2000年以来，连续5年快速发展，生产销售呈现平稳增长态势。截至2005年底，山东省汽车工业共有企业500余家，其中汽车生产企业9家，改装车企业61家，摩托车企业12家，其余400多家为零部件生产企业。山东省汽车零部件生产企业门类较为齐全，而且在车用大功率发动机、汽车电器件、通用及其他配件等产品方面具有较强的竞争优势。据计算，2003年、2004年和2005年山东省汽车产业整零比分别为1∶1.66、1∶1.19和1∶0.82，从数值可以看出，山东省汽车产业的整零比相对较低，有为区外提供服务的可能。另外，据调查，山东省原有汽车产业的整车主要以客车为主，其余大多为零部件企业，近年来发展了一定数量的载货车、轿车、SUV等，才使得整个汽车产业的整零比上升。因此，山东省为京津冀地区提供一部分零部件是可能的。

（2）整车生产组装环节

据表6-10计算的结果，绘制京津冀地区整车生产组装环节三年的折线图，如图6-7所示。

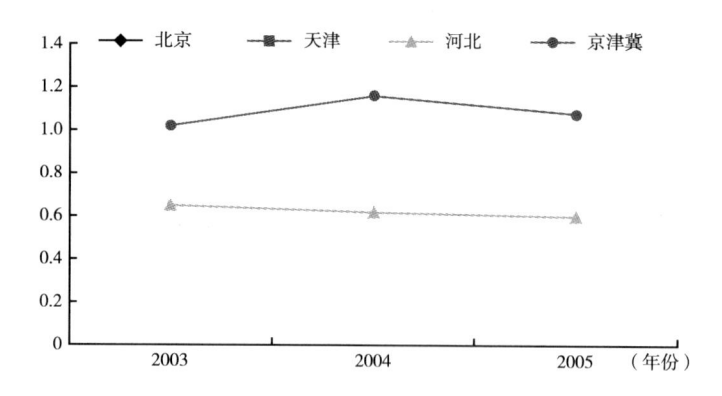

图6-7 汽车整车生产组装环节在京津冀地区的分布情况

结合表6-10和图6-7来看，京津冀地区整车生产的区位商大于1，总体上可以达到区外供给的水平；北京整车区位商一直大于1，发展较为平稳，但略呈下降趋势；天津整车区位商在2003年仅为0.58，但近两年增长较快，到2005年已经达到1.09，略超过北京；河北整车区位商较低，一直处于0.6附近，且呈现下降的趋势。以上数据表明，北京、天津和河北的整车生产有两方面特征：（1）从整车区位商的总体水平来看，北京整车生产的专业化程度较高。相比之下，天津整车生产的专业化程度较低，而河北则最低。京津冀三个地区在整车生产方面呈现一定程度的专业化分工状态。（2）从整车区位商的变化趋势来看，天津整车工业发展较快，区位商由不到北京的1/2直到超过北京，由起初与北京有较明显的分工发展到水平相近、分工现象不明确的状态。但北京和天津

第六章
京津冀地区产业分工的实证研究

两市与河北省之间的分工一直较为明显。

总之,从汽车生产制造环节来看,京津冀地区之间存在一定程度的专业化生产,但其分工协作程度不高,尚未体现地区资源比较优势的特点。就汽车产业而言,规模经济明显而范围经济较弱,通用零部件增加和系统集成化的趋势非常突出。随着汽车工业国际化进程的加快,零部件通用率越来越高,目前世界先进汽车厂商的零部件自制比例只有30%左右。一方面,京津冀汽车企业集团在配套方式和企业组织形式的选择方面仍倾向于采用零部件生产与整车生产集中于一个集团,零部件生产主要满足本集团内部整车生产需要的方式,因此,导致了汽车产业垂直一体化程度过高,整车企业和零部件企业的专业化分工水平低的状况。另一方面,京津冀地区政府未能实施有力的政策引导企业在生产经营方面进行跨区域生产协作,影响了规模经济的发挥,妨碍了独立的零部件企业公平竞争和整车企业对零部件的跨区域采购,从而不利于区域产业整体竞争力的提升。

3. 销售与服务

汽车销售业是汽车整车及其各种零配件批发和零售行业的总称。汽车服务业是由汽车销售和使用所引起的、为保持汽车正常工作性能以及为满足汽车使用者个性化需求而提供的各种汽车基本服务和增值服务等行业的总称。汽车销售和服务业都属于服务业领域,涉及的行业领域较多。按照国民经济行业分类,汽车销售属于批发零售业,汽车维修服务属于制造业,汽车金融、汽车保险则分别属于金融和保险业。有些汽车服务,如汽车美容,还没有相关的国民经济分类代码。这一方面说明汽车服务业有"跨行业"特征,同时也反映出汽车服务中很多业务属于新兴产业,还未在国民经济分类中得到反映。由于现有分类数据的局限,本章只能通过定性分析来说明汽车销售和服务环节在京津冀地区的分工状况。

我国的汽车产品主要通过四个较为典型的模式及渠道进行销售：一是品牌专卖店，二是各地的汽车交易市场，三是汽车专营连锁店，四是混合品牌汽车经营店，如汽车超市。除此之外还有一些附属在品牌专营店下的分支性销售机构。汽车服务市场一般在汽车销售市场发展的推动下取得较为迅速的发展，它们在大城市或中心城市的发展较快。以下主要分析北京和天津两市在汽车销售和服务环节上的发展状况。

（1）北京市汽车销售与服务发展状况

北京市汽车销售市场的发展较为迅速，规模不断扩大，市场体系逐渐完善。目前，主要有品牌专营店、汽车大卖场和汽车工业园三种形式。我国轿车经营销售多采取专营店模式，广州本田、一汽大众、捷达、宝来等几乎所有国内品牌在北京都有专营店；北京市规模较大的汽车交易市场已建成的共有20多家，其中亚运村汽车交易市场号称全国第一。据统计，国内年交易额超过20亿元的有10家左右，主要分布在北京和上海两大城市。北京国际汽车贸易服务园区随着北方交易市场的入股而迅速成长起来。汽车工业园是结合中国汽车市场"既集中又分散"的特点，将国外集中渠道模式有机结合起来，并逐渐向集约型汽车交易市场发展的一种新形式。在二手车交易市场发展方面，北京市也遥遥领先，2003年北京市二手汽车交易量位于全国第三位，仅次于上海和山东，并成为同比增长最快的省市。北京市政府有关部门制定的《北京市汽车交易市场发展规划（2001~2010）》，规划北京市未来汽车交易市场在北部、东部、南部和西部分别建立完整的汽车交易市场：北部在回龙观一带建设国际标准的四体一体汽车商贸城，预计占地40公顷；东部在朝阳区青年路建设20公顷的大型综合汽车交易市场；南部在南四环北侧花乡四合庄村建设占地22.6公顷的旧机动车交易市场；西部石景山区的北京国际汽车贸易园区将占地25公顷。

第六章
京津冀地区产业分工的实证研究

北京汽车维修服务市场发展迅速，目前有汽修企业 6258 家，总量较大，但这些企业零散分布于三环、四环，布局较不合理，尚未形成完整的体系。北京市的汽车金融业发展较快，自 2003 年我国《汽车金融公司管理办法》颁布和实施以来，已经有 7 家外资独资或中外合资的汽车金融公司获准组建，北京现代和东风也将建立相应的汽车金融公司。北京凭借其首都优势，每年举办与汽车相关的展览近 10 余个，例如，北京国际车展、CAPA 展等。车展观众逾百万人次，直接和间接效益可超过 10 亿元。另外，北京建立了中国首家汽车电影院和汽车公园，将汽车运动、贸易、文化、服务集为一体，走在了汽车服务业的前列。

（2）天津市汽车销售与服务发展状况

天津市在汽车销售和服务业发展方面与北京有较大不同。天津市汽车销售与服务业的发展一体化特征突出，在空间上体现了集中布局的特点。其中最具代表性的是天津空港国际汽车园和天津滨海国际汽车城。天津空港国际汽车园发展有限公司由"天津天保控股有限公司和中国天津浩物机电汽车贸易有限公司"合资组建，占地 100 公顷，投资总额 10 亿元，以"建设专业化、集团化、国际化的汽车贸易平台，使天津成为中国最大的进出口汽车交易市场"为目标，是包括中外品牌汽车展销及相关的配套服务、汽车物流、汽车置换与零部件供应、试车场、汽车检测维修、上牌办证、金融信贷等在内的一系列经销服务市场。

天津滨海国际汽车城位于天津港保税区内，主体建筑坐落于天津港保税区天保大道 86 号，是保税区仓储加工用地和进口汽车贸易用地的中心地段，于 2002 年 12 月 18 日正式开业。它也是为国际汽车生产商、销售代理商提供包括进口汽车展览、展示、新产品推荐、整车及零配件物流等全方位、全过程、全覆盖的服务体系和贸易平台的大型综合汽车交易市场，并凭借其较为优越的出口条件,以有效地服务京津周边地区、辐射中国北方为其建设与发展目标。

虽然北京和天津在区位、经济、文化等各项条件方面存在较大的差别,但从以上汽车销售及服务业环节在京津两市的发展状况来看,它们之间并未形成明显的分工合作,而是自成一体,甚至在建设和发展方面形成较明显的竞争局面。

四 结果分析

从以上汽车产业链的四个主要环节在京津冀地区的发展状况来看,除了在制造环节北京、天津与河北之间存在一部分零部件跨区域供应以外,其他方面的分工都不明显。从京津冀三地汽车产业发展的各项条件来看,形成一定的产业链分工是可能的,然而,事实并非如此。其原因可能来自以下两个方面。

第一,行政区划形成的跨区域分工壁垒。京津冀山水相连、血脉相通,地理、历史上均为一个整体,堪称我国北部的黄金地带。但是,几十年形成的行政区划,将京津冀分割成为"三个片段"(安树伟等,2004)。北京作为首都,政治、经济、文化的地位突出;天津作为直辖市,依靠其资源和港口优势,在20世纪初逐渐发展成为华北地区的工业中心;河北省缺少具有一定地位的中心城市,在经济发展和对外合作方面进程缓慢。因此,京津冀地区生产要素在跨地区优化组合方面较为困难,区域间重复建设、产业雷同、资源竞争等现象突出。

第二,地方政府的产业发展思路有待调整。在汽车产业发展方面,京津冀地区也提出大力发展产业链经济,但他们所倡导的产业链是以实现本地配套为目标,几乎完全局限于本地的产业链。例如,北京市把北京现代汽车公司的建设看做北京汽车工业资产调整重组的重要一环,以实现北京现代零部件采购的本地化、救活北京

第六章
京津冀地区产业分工的实证研究

原有汽车配套厂家为目标。北京现代的零部件配套企业主要集中于北京的东北部地区,韩资企业构成了现代配套体系的主体,由于大量现代原配厂商在北京投资建厂,使北京现代的本市采购比率在2004年已经高达88%。天津市则依靠自身的资源和港口优势,在汽车销售和服务业环节进行大量的投入,试图建设立足京津冀,辐射中国北方的汽车产业体系。京津冀各地没有突出一体化产业链的思路,它们在产业发展方面以谋求各自的利益为出发点,忽视了地区间的分工合作,限制了资源跨区域的整合和产业跨区域的分工合作发展。从长远发展来看,地方政府自成体系的产业发展思路不利于区域整体实力的提升。

另外,由于目前京津冀地区汽车产业整体上处于加工制造发展阶段,即属于"发展一般制造业和零部件生产,由此形成中间粗、两头细的'棒型'结构"的区域。因此,京津冀地区内部汽车产业的分工状况虽然较弱,但其作为一个整体,可能从属于全球汽车产业链的制造环节,即汽车产业链分工在更大范围内得以实现。

第七章
我国纺织产业分工的实证研究

纺织产业具有悠久的发展历史,从世界范围看,纺织产业已发展成为市场化程度高、竞争充分的产业之一。而目前,我国是世界上最大的纺织品生产国和贸易国。因此,本章选取纺织产业作为案例,首先分析纺织产业链在我国的总体分工状况,然后分析纺织产业领域的典型行业——服装业在宁波地区的分工状况。

第一节 纺织产业链在我国的总体分工状况

纺织产业是我国的传统优势产业,不但在满足民生需求方面发挥了重要作用,而且也是我国具有国际竞争优势的产业之一。纺织产业在我国经历了漫长的发展历程,而现代纺织产业体系的建立主要得益于近三十多年的积累。改革开放以来,纺织产业面向国内外市场需求,从工业规模大幅提升,到技术投入快速增长,再到产业体系逐步完善,基本形成了上中下游相衔接、门类齐全的产业体系,在区域乃至全国范围内形成了分工深化、密切协作的产业格局。从纺织产业链主要环节的生产状况以及地区分布来看,跨区域分工协作关系较为明确。

第七章
我国纺织产业分工的实证研究

一 纺织产业链运行模式

纺织产业包括纺织业、服装业、化学纤维制造业和纺织专用设备制造业。纺织业包括棉纺织（印染）、毛纺织、麻纺织、丝绢纺织、针织业；化学纤维制造业包括合成纤维、人造纤维制造业。纺织产品按应用领域分为衣着用、家用、产业用三大类。目前，我国纺织产业已进入了快速发展时期，正积极推进结构调整，促进产业升级。

从产业链角度看，我国纺织产业的研究开发、生产加工、产品销售等各主要环节已较为完善。主要表现出以下四个特点。

第一，纺织产业链的生产加工环节占较大的比重。纺织业作为我国的支柱产业，是一个基础制造业，生产加工环节发展的历史悠久，也相对完善。生产加工包括原材料的获取、加工原材料、中间产品或部件的生产以及最终产品的组装与测试，是一个上下游关联紧密、跨度范围广的中间链条（见图7-1）。

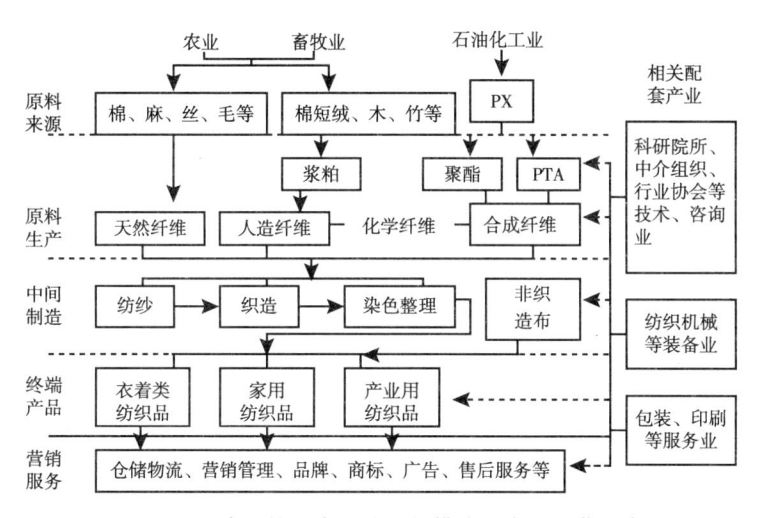

图7-1 我国纺织产业链运行模式及主要环节示意

注：PX来自石油化工业，化学成分为对二甲苯；PTA是化学纤维业的主要产品，化学成分为对苯二甲酸，是纺织产业的主要化学纤维原料。

第二，研发与设计环节逐步增强。研究开发包括产品的设计、生产过程技术的创新以及培训等。（1）研发环节取得重大突破。由于技术投入风险大、见效慢，一般加工企业的研发投入比重较低。但进入21世纪以来，纺织产业在科技攻关和产业化重点项目方面取得了显著进步，包括高性能、功能性、差别化纤维及产业链应用开发，天然纤维高附加值产品及先进技术工业开发，纺织机械关键设备开发与应用，信息化共性技术开发应用四个领域。（2）设计环节提升明显。随着我国纺织企业转型升级的加快，从最初的OEM（贴牌生产）到ODM（贴牌设计），纺织企业的设计能力取得明显提升；尤其金融危机以后，我国纺织企业凭借坚实的发展基础，正加大研究投入，着力向自主设计发展（OBM）。

第三，品牌营销环节建设突飞猛进。产品销售包括产品营销管理、广告、商标管理、批发与零售以及售后服务等一系列的过程，它是纺织产业链附加值最高的环节。我国纺织产业大规模制造是从沿海地区贴牌生产开始的，最初的产品附加值较低，随着我国纺织产业国内外市场逐步扩大，企业自主品牌和营销渠道建设取得了较快发展。金融危机发生以来，国际品牌企业受到了明显冲击，市场需求的萎缩迫使这些企业压缩经营规模、出售某些子公司甚至地区总部。我国纺织优势企业借此收购了一些国际品牌企业，不但提升了纺织产业链品牌环节的附加值，而且借助这些国际品牌企业已有的销售渠道加快了国际市场的开拓。

第四，相关支撑机构对产业链整体运作起到了有效的推动作用。企业与大学科研院所间的科研合作可以将社会科研力量有效地与需求方结合，不但减轻了企业研发投入的负担，也加快了科技产业化的步伐。对于较大依靠原材料、劳动力的纺织产业来说，地区配套产业建设以及社会中介组织的协调作用，也是产业发展的必要环节。

第七章
我国纺织产业分工的实证研究

我国纺织产业主要环节的产品产量巨大，占世界总体份额的30%以上。以2010年为例，可以看出，表7-1所示产品产量都相对较高。由于纺织产业市场化程度高，企业间上下游生产协作水平较高，整个产业的产销配套比例较为合理，我国纺织产业的产销率一直保持在95%以上。

表7-1 2010年我国纺织工业主要产品产量

产业链环节	产品名称		单位	产量
原材料	聚酯		万吨	1189
	浆粕		万吨	188
	化学纤维		万吨	3090
	其中:人造纤维		万吨	217
	合成纤维		万吨	2852
中间纺织品	纱		万吨	2717
	绒线		万吨	30.05
	绢纺丝		万吨	5.51
	布		亿米	800
	印染布		亿米	602
终端纺织品	家用纺织品	其中:棉及蚕丝被	万条	10520
	产业用纺织品	其中:帘子布	万吨	50.72
		无纺布	万吨	175.75
	衣着类纺织品	其中:服装	万件	2852267
		其中:羽绒服	万件	27874
		西服套装	万件	57029
		衬衫	万件	107093
		婴儿服装及附件	万件	27663

资料来源：据国家统计局有关数据计算。

二 纺织产业链地区分布

从全国范围来看，我国纺织企业大量集中在东部沿海的江苏、浙江、山东、广东、福建等几个主要省份，2009年规模以上纺织企业工业总产值的82%是由东部地区企业创造的；纺织产业在中部、西部和东北地区的省份分布相对较少，区域发展极不平衡。本章以2010年我国纺织产业链主要环节产品的地区情况为例，分析其在不同省份的产量分布情况（见表7-2）。

表7-2 2010年我国纺织工业主要产品的地区分布状况

地区	聚酯（吨）	浆粕（吨）	化纤（吨）	纱（吨）	布（万米）	无纺布（吨）	被子（万条）	服装（万件）
北京	0	0	2575	3665	495	30428	33	15951
天津	287581	0	127954	38133	26352	23633	0	17672
河北	21366	174562	234177	1239140	548240	6008	49	62071
山西	0	0	10023	45092	5130	0	6	1119
内蒙古	0	0	0	20629	9813	0	0	3676
辽宁	303264	0	194485	149295	65311	77259	555	65489
吉林	0	169999	272275	58129	4167	1326	0	19527
黑龙江	1972	0	81890	29355	3350	11619	0	1889
上海	1295886	0	489985	46647	17010	38678	984	57242
江苏	3714850	214467	10271868	4345826	884639	211024	294	422014
浙江	4677646	0	13661338	2148654	1589890	514034	4562	487956
安徽	35255	43609	220423	565419	108663	63315	746	53505
福建	241168	0	2061509	1841761	311764	105618	0	292249
江西	0	78768	179203	746779	80517	46890	0	114670
山东	1175	262426	932963	7310105	1390701	218670	1100	352811
河南	218275	185639	522459	3998808	393374	31591	34	55743
湖北	0	76246	116645	1695754	463824	65105	673	56192
湖南	36904	4620	45450	785294	46525	5695	468	28575
广东	534669	1550	445393	451639	282689	232949	714	702623
广西	0	0	0	101584	1906	415	11	16258
海南	277231	0	39991	0	0	6705	0	1168
重庆	0	0	67058	140713	84335	5886	0	9537
四川	133205	238164	512151	708057	149036	3932	261	9933
贵州	0	0	0	13976	901	0	0	401

第七章
我国纺织产业分工的实证研究

续表

地 区	聚酯（吨）	浆粕（吨）	化纤（吨）	纱（吨）	布（万米）	无纺布（吨）	被子（万条）	服装（万件）
云 南	0	0	35555	5386	349	0	23	487
西 藏	0	0	0	0	0	0	0	0
陕 西	0	19315	23070	271162	75248	0	4	1933
甘 肃	0	637	3609	6110	940	999	0	59
青 海	0	0	0	5681	0	0	0	341
宁 夏	0	0	0	1009	0	0	0	362
新 疆	11186	408945	344921	395325	9517	1657	5	644
全 国	11891633	1878947	30896971	27169127	6554688	1757515	10520	2852100

资料来源：国家统计局。

从纺织产业链的地区分布来看，区域集中的特点非常突出，但个别产品也出现从东部地区向中西部扩散的情况。

第一，从纺织整个产业链来看，总量集中分布在浙江、江苏、山东、福建和广东五省，其次是河南和安徽。这些集中地区总量几乎占全国的80%。纺织工业是改革开放以来我国发展较快的产业之一，由于沿海开放较早以及区位优势，纺织工业最早在沿海省份得到较快发展，形成了纺织在沿海省份集中的格局。由于我国原材料和劳动力主要分布在广大中西部地区，长期以来形成了生产要素与生产能力配置不合理的局面。随着东部沿海地区各项生产要素成本快速上涨以及环境约束的加大，中西部地区临近原材料产地、劳动力资源丰富等优势日渐突出，近年来，纺织产业特别是服装及纺织初级加工业向中西部地区转移的速度在加快，因此，纺织工业在河南、安徽等工业基础较好的中部省份得到了较快发展。

第二，纺织产业链的原料生产环节主要分布在浙江、江苏、福建、上海和山东，总量占全国的84.68%；接着是广东和河南。原料生产环节的地区分布特点与整个纺织产业链的特点相似。

第三，从以纱和布为主的纺织中间制造环节来看，山东、江苏、河南三省占绝大份额，其次是浙江、湖北和福建。纺织制造环节与原料生产环节的产量分布略有差异，山东和河南两省的份额有所增多，尤其是山东省的纱和布产量几乎占全国总量的1/3。

第四，从终端产品来看，浙江的总量最大，接着是广东、江苏、山东和福建。以无纺布为代表的产业用纺织品最多的是浙江，其次是广东、山东和江苏；以被子为代表的家用纺织品最多的是浙江，其次是山东、上海和湖北；以服装为代表的衣着类纺织品最多的是广东，其次是浙江、江苏和山东。

第二节 宁波服装产业链分工状况

宁波是我国著名的服装产业名城，发展历史悠久，尤其是改革开放以来，随着民营化、市场化的推进，宁波服装产业取得了较快发展。进入21世纪，在全球科技迅速发展、品牌竞争五彩纷呈、营销模式不断创新的过程中，宁波服装产业把握世界变化，在日新月异的市场竞争中成为我国乃至世界服装产业的引领者。

一 产品分工

宁波目前有各类服装企业3000多家，其中年销售收入千万元以上的有80多家，年产服装近14亿件，占全国总产量的12%左右（翁鲁敏等，2010）。宁波已形成了以男装为主，覆盖童装、女装、休闲装、针织服装以及职业装等多个系列的产品体系（见表7-3）。不同类型的服装企业在宁波各地竞相绽放，展现了我国服装产业差异化竞争、协调发展的格局。

第七章
我国纺织产业分工的实证研究

表7-3 宁波主要服装产业集群分布状况

产品类型	主要分布区域	代表企业
男装（西服、衬衫）	慈溪市、奉化市、鄞州区	雅戈尔、杉杉、罗蒙、培罗成、罗兹
女装	鄞州区	太平鸟、仙甸
童装	宁海县、北仑区	一休、小杉哥、春芽子
休闲装	江北区、鄞州区	唐狮、ITISF4
内衣	鄞州区	艾格莉
裘皮服装	余姚市	真仕漫、意达
运动装	鄞州区	威尔达、布利杰

资料来源：作者整理。

宁波服装产业以特色产品为主体，逐渐形成了具有核心能力的竞争优势，在国家倡导产业转型升级时，服装产业已率先从传统的劳动密集型、资源依赖型迈入品牌主导型、科技引领型的时尚创意产业。从加工企业起步，到加大科技含量、创建自有品牌，"品牌优势"成为当地服装产业最具竞争力的因素之一。宁波不仅有"雅戈尔"、"杉杉"、"罗蒙"等世界名牌，国内知名品牌也为数众多，包括20个中国名牌、20个中国驰名商标等。

二 产业链分工

服装产业在宁波地区的分工程度较高，形成了以面料开发、设计、制造、销售为主，辅料及配件、服装机械、专业市场、会展等为辅的服装产业链分工体系，而且产业链上下游在区域内部分工协作的程度较高（见图7-2）。

服装产业链价值分配也是上游的研发设计与下游的品牌市场环节处于高附加值端，而处于中间阶段的加工制造所获的附加值最低，如图7-3所示。

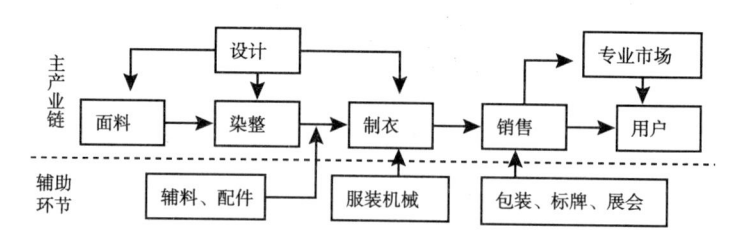

```
主         ┌─────→┌─────┐←─────┐
产               │ 设计 │
业               └─────┘
链    ┌─────┐   ↓       ↓    ┌─────┐   ┌─────┐   ┌──────┐
      │ 面料 │→ 染整 → │ 制衣 │→ │ 销售 │→ │ 专业市场 │
      └─────┘                └─────┘   └─────┘   │ 用户   │
                                                 └──────┘
─ ─ ─ ─ ─ ─ ─ ─ ─ ─ ─ ─ ─ ─ ─ ─ ─ ─ ─ ─ ─ ─ ─ ─ ─ ─
辅助        ┌──────────┐   ┌──────────┐   ┌──────────────┐
环节        │ 辅料、配件 │   │ 服装机械  │   │ 包装、标牌、展会 │
           └──────────┘   └──────────┘   └──────────────┘
```

图 7-2　宁波服装产业链运行模式示意

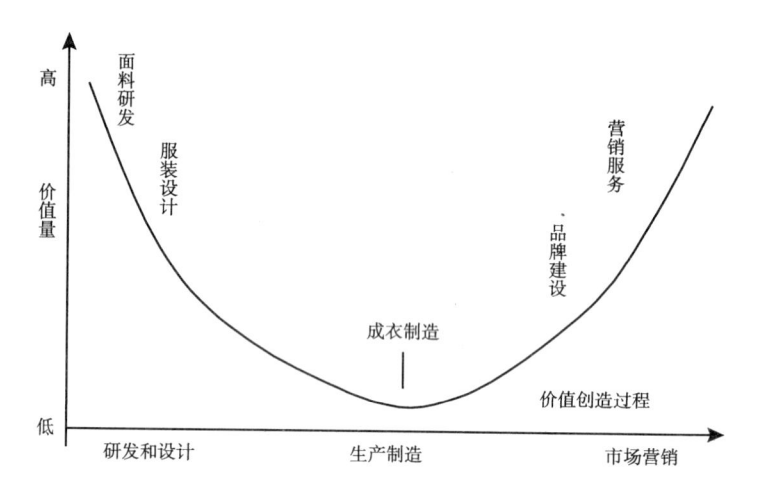

图 7-3　服装产业链价值分配示意

1. 服装面料

面料是服装产业的重要环节，从技术和原料角度来看，面料在服装企业中所占成本较高。宁波服装产业所需面料可分为四类：一是以男西装为主的高档毛料和呢绒料，新型合成纤维素及蛋白质纤维混纺毛料和机织面料；二是以生产休闲装、衬衫为主的中高档毛、棉、麻、丝等纯纺和混纺机织面料；三是以女装为代表的各种化纤仿丝绸、仿毛麻等混纺面料；四是以各种档次和成分纱线生产的针织面料（浙江轻纺职业技术学院，2004）。宁波服装面料需求量大、品种多，但当地生产面料的企业相对较少，因此，宁波服装

第七章
我国纺织产业分工的实证研究

所需面料向外采购的比重较大。在梭织面料中,只有少量由本地供应,其余来自外部区域,呢绒面料主要来自江苏、山东、甘肃和湖北,中低档化纤面料来自柯桥市场和广东,少量高档毛料来自意大利,高档仿毛和仿丝面料来自日本和韩国;针织面料中,95%以上由本地供应,部分高档面料来自意大利,化纤面料来自日本和韩国。随着宁波服装业的发展,服装企业已与国内外面料供应企业建立了长期稳定的供应链关系。

宁波在面料开发方面的劣势也是我国纺织产业链的薄弱所在。我国是服装生产大国,然而在面料环节的研发生产并不占优势,尤其高档面料甚至成为整个纺织产业发展的短板,目前我国每年约60%的高档面料依靠进口。由于面料供应受原料市场波动的影响巨大,因此,宁波一些优势企业开始考虑建设自己的面料供应基地,例如,雅戈尔集团与日本企业合资建立了毛纺织和染整生产线,专门研发生产高档面料。宁波政府和行业协会也积极协助建立公共服务平台,为企业研发设计提供信息和人才渠道。

2. 辅料及配件

服装辅料及配件是服装产业不可或缺的配套产业,宁波辅料产业发展较快,基本能满足当地服装生产的需要,只有少数特种纺织材料、高档西服辅料需要进口。宁波服装辅料企业大约200家,以生产衬布和缝纫线为主。由于辅料行业进入门槛低,最初辅料企业较多,但随着行业内部的竞争,以及与服装企业的紧密协作,服装产业链横向兼并和纵向整合过程激烈,有些辅料企业发展壮大,开始拥有自己的品牌,但众多小型辅料企业被服装企业整合,成为内部化的辅料供应商。宁波辅料企业类型及分布见表7-4。

3. 设计

设计环节是服装产业提高档次与竞争力的关键环节,贯穿于服装产业链运行的整个过程。随着服装产业专业化设计的应用,计算机辅助设计(CAD)和计算机辅助制造(CAM)已在企业推广。

表7-4 宁波辅料企业类型及分布

类型	类别	地区	品牌
缝制辅料	衬布	鄞州区	牦牛牌
	里布、缝纫线	北仑区、镇海区	华美线业
	拉链、纽扣等	—	—
	标识牌、吊牌	下应镇	—
包装辅料	包装袋、薄膜袋、纸箱、纸盒等	—	—
其他	衣架、胸架、人体模型、金属扣件等	慈溪市	—

资料来源:作者整理。

(1)企业内部的设计投入

随着专业化设计方式在服装企业的应用,批量生产和个性化制衣的效率大幅提升,而且随着高端竞争的加剧,一些高水平设计纷纷涌现,从而推动服装产业整体水平的提升。根据对宁波200家服装企业调查问卷统计可以看出,服装企业在设计环节已取得较大进步,但专业设计人员数量不多,原创设计产品比例仍较少(见表7-5)。

表7-5 服装企业设计力量情况

项目	企业数(个)	比例(%)
有专业设计人员	126	75.7
无专业设计人员	46	26.5
专业设计人员10人以上	20	12
原创设计	44	25.5
仿制	35	20.1
客户来样	153	87.5
交给专业设计公司	2	1.1

资料来源:浙江轻纺职业技术学院企业调查问卷数据。

第七章
我国纺织产业分工的实证研究

（2）独立的设计企业

随着宁波服装业的发展，独立的设计企业开始出现，除了一些公共服务平台孵化的小型设计公司以外，一些知名的设计师品牌也开始建立。这些设计品牌企业从小型的服装设计工作室起步，在与企业合作的过程中逐渐形成自己的设计风格，并吸引着特定的消费群体。"秀衣坊"、"双行道"、"浪漫伊人"等品牌已在当地服装行业有一定的知名度。虽然独立的服装设计企业的发展充满个性和朝气，但目前来看，这些企业的品牌辐射范围和规模还难以与企业内部的设计环节相比，只能作为整个设计环节的有益补充。

4. 制造

服装产业的制造环节具有劳动密集型特点，而且产品附加值相对较低，因此，很多品牌企业将制造环节外包，大量的制造环节由加工型企业来完成。宁波很多企业是从为国际知名品牌做代工开始的，但随着企业的不断发展壮大，自主品牌比例日益提升。尤其亚洲金融危机以后，中国服装品牌迅速崛起，因此，越来越多的企业为中国品牌甚至当地知名品牌企业做代工。"唐狮"休闲服就是一个没有生产厂房，专做设计、营销管理的品牌企业，全部休闲服生产都由其他中小企业来完成。

随着宁波服装产业的升级，品牌企业的制造环节外包将成为趋势，加上劳动力、资源和环境约束的提升，服装制造环节由就近外包向区外转移的趋势将日益显著。

5. 服装机械

宁波服装产业的设备现代化水平高、更新快、配套性好，但进口设备居多。目前，大概90%以上的缝纫加工设备是从国外进口的，主要来自日本、德国、法国、意大利、美国等。

服装产业的高速发展拉动了当地服装机械行业的进步。从长三角地区来看，上海具有全国最大的服装机械交易市场，浙江的宁波到台州一带逐渐形成了包括零部件和整机在内的缝纫设备制造基地。宁波的服装机械制造企业多由发展良好的服装企业成立，目前以零部件制造为主，约占浙江省服装零部件制造企业数量的 2/3。服装机械的零部件生产为服装生产的专业化和个性化提供了有力的支持。

6. 营销

营销环节的建设主要有两种方式：一是企业专有渠道，二是区域市场。这两种方式在宁波地区都有体现。专有营销渠道的建设需要花费大量的时间和财力，一般只有品牌企业才有能力建设自己的专业营销渠道；广大中小企业更多倾向于利用区域市场拓展营销网络。

宁波是我国服装品牌企业集中的地区，品牌企业主要利用自己的专业营销体系，而且在营销管理中信息化程度较高。对于大量中小企业来说，依靠当地专业市场与会展是开拓市场的良好方式。宁波轻纺城是国内知名的专业市场，为服装、面料等交易发挥了显著的作用。从 1997 年开始，宁波市每年秋季举办以"名城之约"为主题的国际服装节，为当地服装业走向国际提供了良好的平台。

民营企业发展壮大的地区一般都离不开行业协会与地方政府的支持，宁波也不例外。宁波市以及服装聚集的县都成立了服装协会或商会，在企业信息交流和市场开拓方面发挥了显著的集聚作用。宁波市政府将服装产业定位为当地支柱产业，通过中长期投入搭建了一批公共服务平台，包括纺织服装专业电子商务平台、网上展示中心等，并将平台逐步完善为研、产、供、销一体化网络，逐步形成了具有区域特色的服装文化营销体系。

第八章

推动新型产业分工与空间均衡的政策

在当前经济持续高速增长和体制转轨加速进行的形势下,推动我国从传统分工走向新型产业分工,对于规范空间开发秩序、促进区域协调发展具有重大的意义。同时,新型产业分工必然伴随着功能专业化区域的形成,形成区域财富在其类型和数量上的差异,单纯依靠市场机制的作用,难以实现区域公共服务均等化的财富均衡目标,需要政府介入财富再分配过程,推动区域效益、公平和生态三方面的平衡。

第一节 促进新型产业分工的政策

引导和建立地区间合理的产业分工体系是一种政府行为,本质上属于加强和改善宏观调控的范畴,但国家宏观调控政策要在充分发挥市场机制对资源配置作用的基础上进行(王一鸣等,1998)。国家可以通过综合运用各种手段,包括编制各类规划、制定产业政策、改善投资环境等,有效地实施一套政策体系去引导和调节企业的投资决策,为地区和产业发展创造良好的环境,从而使新型区域产业分工在市场机制和政府引导双重作用下,通过企业的自主区位选择而形成(魏后凯,2007)。

新型产业分工：
重塑区域发展格局

一 消除行政分割，促进地区间要素流动和全国统一市场的形成

生产要素的充分、自由流动，既是市场经济发展的客观要求，也是区域发挥比较优势、进行分工的前提条件。根据俄林的要素禀赋理论，要使各区域按照其要素禀赋组织经济活动，实现区域分工，区域间要素流动是自由的。只有在要素充分流动的前提下，企业才能根据区内要素供给，选择最能体现区域优势的要素组合来安排生产活动。因此，促进要素自由流动，建立全国统一的市场体系是推进新型产业分工的必要前提。

然而，我国区域关系却存在着较大的问题。自改革开放以来，随着地方政府发展经济权限的不断扩大，地区之间在原料或市场等方面恶性竞争、相互封锁等现象屡见不鲜，我国学者张可云(2001)将其描绘为"区域大战"。他认为我国区域大战表现得非常突出，在重复建设、原料大战、市场封锁和价格大战等方面表现得淋漓尽致，具有规模大、范围广、破坏性强等特点。要推进新型产业分工，就必须改变地区分割与行政垄断下的区域恶性竞争局面，建立合理的区域经济秩序。

1. 加强区域关系范畴的制度建设，为规范地方政府行为提供依据

地区间的行政分割与垄断，是出于利益的争夺与既得利益的保护目的，以损害国家整体利益和长远利益为代价的一种短期行为。改革开放以来，我国出台的一些区域政策中涉及协调区域开发与利益分配关系的内容，然而专门针对区域关系的政策法规却很少，2001年4月21日国务院公布的《国务院关于禁止在市场经济活动中实行地区封锁的规定》是到目前为止唯一正式的文件。该文件对地区封锁的各种行为做出了禁止规定，然而，具体的惩治措施和

第八章
推动新型产业分工与空间均衡的政策

执行机关却有待明确,因此,要加大其执行力度与效果,还需要对其具体内容进行深入探讨,并将其法律化、制度化。

张可云(2001)认为,制度基础是区域经济关系协调的"核心",没有基本的制度框架,再好的政策和规划也很难操作,而制度的完善有两个标志,即区域管理机构设置合理和区域划分框架明确,欧盟在协调区域关系方面的一些机构和制度模式值得我们借鉴。

2. 确立行政干预机制,及时解决区域间的利益争端

在我国社会主义市场经济体制下,中央政府和地方政府分别成为国家和地区的利益主体。中央政府作为国家经济利益的最高代表,以国家整体利益最大化为其实现的目标;地方政府作为所管辖地区的利益代表,依法在中央政府赋予的权力范围内从事地区事务管理和发展地区经济的活动。而各地区之间,作为相对独立的利益主体,难免为了自身的利益在经济活动中产生冲突甚至人为设置地区间流通障碍等。这时,中央政府有权力也有责任对区域关系与区域利益做出协调。例如,严禁各种形式的贸易保护措施,开放地区市场,打破由于地区利益形成的地区分割局面;积极实行区际经济衔接和协调政策,避免贸易封锁以及随之而来的重复建设、结构失衡等。

二 加强区域规划,对产业空间分布合理引导与调整

按照地区比较优势进行产业链各环节的布局,加强区域间分工与合作,是推动区域功能专业化提升、促进区域经济协调发展的有效途径。新型产业分工主要是发挥地区比较优势、企业自主选择的结果。但国家采取合理引导与一定范围内的平衡协调举措对于区域产业的发展同样具有重要的意义,而且,在我国要素市场和商品市场不够完善的情况下,企业难以完全根据市场信号做出恰当的判断

与反应,国家层面的规划与引导尤为必要。

国家组织专门机构进行区域与产业发展规划,首先要对不同类型区域的发展条件做出综合评价,探讨各等级城市的功能定位,并在此基础上,引导产业在各类功能地区上合理布局与集中。由于地区生产条件以及经济发展水平存在较大差别,在产业类型选择过程中,难免会出现利益分配不平衡的现象,尤其是一些欠发达地区,地方政府有可能为了当地经济发展采取行政手段干预企业的市场行为。这时,国家可以采取一定的政策措施进行适当的区域补偿,为产业的合理分工创造良好的环境。而对于我国较为发达的地区或城市,应该鼓励其进行产业扩散或转移,加快城市功能专业化升级以及地区产业间的互补与合作。

1. 完善产业转移政策,构建有效的区域传递机制

在区域间非均衡发展状态下,随着地区比较优势的发挥,以及区域间分工合作程度的加深,产业转移已经在区域之间出现。从国际范围来看,在发达国家产业升级的过程中,向发展中国家进行较为低端产业的转移屡有发生,例如,制造业或某些制造环节等。对于发展中国家来说,产业转移一方面推动了发展中国家产业的发展以及与发达国家的产业关联,另一方面也加大了国家经济间的差距;对发达国家来说,产业专业在加快了产业升级的同时也带来了"产业空洞化"等负面影响。但在一个国家内部,国家可以对区域间的利益分配进行协调和适当的补偿,区域间产业转移的有利方面可以得到更大程度的发挥,推动区域间产业分工的进程。

区域间产业转移可以发挥地区比较优势,促进产业分工,提升区域整体发展水平。然而,产业转移必须建立在区域间要素合理有效的传递机制基础上进行。在我国当前的情况下,单纯依靠市场的力量,显然较难达到预期的要求,政府应该在市场发挥主导作用的基础上,制定和完善相关产业转移政策,促进先进地区向落后地区

第八章
推动新型产业分工与空间均衡的政策

产业转移机制的形成。

2. 以都市圈为重点，加强都市圈产业分工引导与协调

都市圈是中心城市拓展与周边城市聚集融合而形成的空间体，它作为区域经济高度关联的城市聚集体，已成为国家或地区拓展发展空间和获得世界竞争力的战略重点。从我国都市圈的产业发展来看，大概有两方面特征：（1）基于相似的自然历史条件，形成了具有一定地区特色的产业集中地区。例如，长三角都市圈主要以高科技知识密集型产业为支撑，现代制造业以及包括金融业在内的现代服务业较发达；珠三角则以外资企业为主导，建立全国高新技术产业区与世界级电子、电器产品制造基地。（2）以中心大城市为主导，各级城市间具有一定的产业分工与配套关联。在一个大都市圈内部，随着经济要素的流动与相互融入，城市间的优势特征进一步显现，城际功能的差异性不断加深，因此，产业分工与合作也会成为各级城市发展的必然要求。例如，在长三角都市圈内，上海与周边城市的产业分工或产业发展水平的差异正在进一步深化，以产业链为特征的经济合作正在深入（张兆安，2006）。

鉴于都市圈产业发展的特征，当前我国以都市圈为重点，加快推动新型产业分工的形成是较为现实的选择。但是，由行政分割导致的重复投资、过度竞争、城市功能不明确等依然是阻碍都市圈内产业分工发展的瓶颈。因此，目前，中央或地方政府应该建立健全区域利益协调机制，采取适当的政策措施，为都市圈内产业分工发展提供一定的保障。

（1）加强行政协调力度，探讨区域性合作组织的建立

区域性合作组织或机构的建立可以对都市圈经济协调发展提供有力保障。根据国内外区域合作的惯例和经验，推动一定区域范围内同盟成员的合作，区域合作同盟机构的建立非常必要。区域合作同盟机构的职能是协调区域合作同盟成员之间的关系，制定区域合

作的章程和有关合作规则，制定区域发展远景规划，协调处理合作同盟成员之间发生的各种矛盾。合作同盟的机制是平等竞争，互惠互利，资源共享，共同发展。从1981年第一个政府主导型组织——华北经济技术协作区出现以后，区域经济合作不断推动经济组织创新。京津冀都市圈合作已迈出了可喜的一步，在河北省廊坊市建立区域合作同盟机构的计划，已经进入启动阶段。本组织选择在地处天津、北京两市中心地带的廊坊市，意图为京津冀都市圈经济区合作提供一定的协调与组织保障功能。由于我国行政区划和都市圈内产业发展的特征各异，因此，应该积极探讨适当的区域合作组织机构形式，为打破行政分割、统一协调都市圈产业分工与合作提供组织保障。

（2）加快都市圈交通通信等设施建设，完善产业分工与配套协作体系

产业链在空间上产生一定程度的分离是以链条各环节有效的连通为前提的。在城市聚集程度较高的都市圈内率先推动新型产业分工，就是考虑到都市圈内已经或有可能较快建立起统一、完善的交通通信设施，为产业分工与协作提供良好的外部条件。我国学者魏后凯（2007）提出，以大都市为中心，强化交通运输网络特别是城际快速通道建设，加快建立一体化的1小时或2小时产业协作配套圈，才能有效地提高都市圈内产业协作配套能力。这种产业配套不仅包括基础设施的配套，更包括生产、生活配套和创业环境配套。

对于都市圈内部基础设施的建设与完善，需要统一规划、各级城市联手共建，逐渐形成区内、城市各层次配套的综合网络体系。中央政府的协调作用和地方政府间的密切合作都是必不可少的。要充分发挥各级政府的积极性和创造性，探讨都市圈内部软硬件环境建设的合理方案，为都市圈产业分工体系的形成提供良好的基础，逐步建立面向全国统一市场下的区域产业分工格局。

第八章
推动新型产业分工与空间均衡的政策

第二节 跨区域协调的均衡政策

一 功能专业化加剧区域发展的不平衡

1. 产业发展与资源环境损失

区域发展的实质是人类不断利用自然资源并与自然进行物质和能量交换,在这一过程中人类不断从自然界获取自身发展所需的物质和能量,并向自然界排放各种废弃物。这一过程将自然生态系统和社会经济系统紧密结合为一个有机整体。自然生态系统为人类社会提供了赖以生存和发展的空间,以及自然物质基础。当区域经济发展对自然资源的利用广度、深度、强度加大,超过自然环境综合承载能力时,就会导致资源枯竭、环境污染等问题(严茂超,2001)。

区域发展,首先是主导产业的成长,它决定着区域发展目标的实现。主导产业是能充分发挥区域资源等优势的产业,作为区内创新能力强、增长速度较快、带动力大的产业,从其产生到壮大,将逐渐将区内外生产要素聚集起来,创造可以进行区际交换的财富。主导产业选择和发展的合理与否,将关系到区域经济发展与资源环境损失之间的权衡。一般来说,产业发展伴随着资源开发,包括土地资源、矿产资源、森林草地资源等;同时,也可能带来土地、水质、空气等一定程度的污染,以及森林、草地等生态环境退化。随着时间推移,为适应区域比较优势及发展目标变化,主导产业会出现衰退和更替。选择区域发展目标时,如果对环境容量和承载力条件考虑不周,那么在产业更替时,资源环境的损失会更严重。

2. 市场机制作用下的区域功能专业化

由于区域资源禀赋的差异,一是某个区域形成的财富类型可能相对单一，无法满足人们的多元化需求；二是有些区域的资源可能无法独立形成直接供给市场的产品。这种情况下，就需要发挥市场的作用，在区域之间形成不同要素资源和产品的分工机制，共同实现生产和供给的过程，并根据不同区域提供的要素贡献得到相应报酬。在这一过程中，通过市场交换机制，完成区域主体功能的确立。

对于国家，尤其像中国这样一个大国，由于国内要素相对丰富，并考虑到政治、国防和安全等原因，有必要建立完整的产业体系。区域则不同，鉴于要素区域间的可流动性（虽然并不完全流动），区域可以根据要素种类、规模及赋存条件，选择部分产业作为主要发展目标，并逐渐形成国内统一市场中的竞争优势，区域发展方向的确定正是基于此。功能专业化的目的是立足于区域资源条件与约束，通过一定的标准进行类型区的划分，确定不同区域适合发展的功能类型，继而引导和促进主体功能区的形成。不同区域可以通过发挥自身优势进行财富创造和集聚，提供特定类型的产品。

在市场机制的作用下，各功能区域发挥自身优势参与跨区域产业分工体系中，进行生产活动以提供产品或直接输出生产要素，同时，获得相应的报酬。在这个供给与回报的过程中，各功能区域获得财富的集聚。从整个区域系统来看，不同类型的财富在各功能区域之间得到了初次分配。

3. 市场机制作用下的区域非均衡增长

在区域发展中，非均衡增长是最常见的一种状态。谬尔达尔首先提出了非均衡增长理论。他认为，"市场力量的作用通常是倾向增加而不是减小区域间的差距"（Mgrdal，1957）。循环累积论认为，发达地区一旦集中了大量的生产要素而产生集聚经济，则会在扩散效应和回流效应的共同作用下保持加速增长。即使到了扩散效应发生作用的阶段，在市场力量的作用下，回流作用往

第八章
推动新型产业分工与空间均衡的政策

往远远大于扩散效应的作用,这就使发达地区越来越发达,落后地区越来越落后,区域经济以非均衡的形式保持增长。谬尔达尔之后,许多学者结合区域实际发展例证,对非均衡增长理论进行了补充和发展。

由于新型产业分工是建立在地区比较优势基础上的,以及产业链各环节对要素条件的需求差异以及利益分配不同,新型区域产业分工的形成难免会加剧区域发展的不平衡,从而造成区域经济差距的扩大。

二 基于新型产业分工的空间均衡政策

控制区域差异扩大、实现区域居民间"公平"的方式和途径,一直是人们争相探讨的命题,而最终的矛盾集中在市场与政府两者之间关系的处理上。世界各国区域经济发展的历程和经验表明,在区域差异扩大和弥合的过程中,并非任由市场机制扩大其作用范围的,而是政府政策时刻都试图进行反向调节并发挥着重要作用(贾康、马衍伟,2008)。

区域财富均衡问题归根结底是区域利益协调问题。政府(尤其是中央政府)的行政手段将起到关键作用。主体功能区建设的区域主体包括地方政府、居民、企业和非政府组织,不同的主体利益诉求不同(安树伟,2010)。在发挥市场机制基础性作用的前提下,政府应该建立适当的政策机制来发挥政府的财富均衡作用,解决各区域主体的利益矛盾。政策协调的目标不是区域间的产业均衡发展,而是旨在纠正历史原因和市场机制造成的经济空间结构的某些缺陷,在维护必要公平的前提下提高整个社会的效益水平(孙洪玲,2008),在各地区贯彻不同功能取向的框架下,充分发挥地区比较优势,并通过财富均衡来实现基本公共服务水平的均等化。

(1) 生态补偿政策

在功能区建设中，争议最大的就是经济与生态间的关系。从形成专业化功能区的要求出发，如果按照某种制度设计，对自然生态区加大中央财政转移支付的力度，并切实改善绩效考核办法，可以使这些地区最终实现"不开发的发展"、"不开发的富裕"（张可云，2007）。解决经济与生态的矛盾，利益补偿是重要方面，需要构建区域间的补偿机制与特定区域内各利益相关主体补偿机制。

区域补偿政策是为了解决区域发展不平衡问题，中央政府对欠发达地区进行扶持的政策，一般由政策资金的转移支付和建立地区开发基金两项组成。转移支付的核心内容是通过中央财政，以补贴的形式向国内落后地区或问题区域提供一定的额外财政资金，弥补地区财政不足，缩小地区差距。财政转移支付是各国协调区域经济发展时普遍采用的制度安排，是缩小地区差距的一个重要途径（陈秀山等，2004）。

第一，建立和完善资源与环境税收制度。从经济学角度来看，最为集中体现"外部性"的就是生态环境问题。由于产生外部性的个人或企业并没有得到补偿或付出成本，社会将承担此行为的代价或收益。这就是市场失灵——资源配置不合理，这时，政府就有义务出面干预这种外部性。"福利经济学之父"——英国经济学家庇古最早对外部性进行了系统研究，指出在资源利用过程中污染者需要负担与其污染排放量相当的税收，后人称为"庇古税"，也就是生态税。生态税旨在将外部成本内部化以优化资源配置和使用，它的征收一方面对产生负外部效应的企业或个人予以惩罚，另一方面可以对受害方给予补偿。建立区域生态补偿机制就是通过政府的有效手段与市场配合，调整区域经济发展与生态保护之间相关利益主体的协调关系。

第二，建立基于专业化功能区的横向转移支付制度。我国已建

第八章
推动新型产业分工与空间均衡的政策

立了一些关于生态补偿的法律制度，但主要以纵向补偿为主，缺乏横向补偿机制。目前，我国生态环境补偿渠道主要有财政转移支付和专项资金两种，其中财政转移支付是最主要的生态补偿资金来源，并且在财政转移支付方面，纵向转移支付即中央对地方的转移支付占绝对主导地位。中央财政转移支付能为各地区创造相对公平的竞争环境，从而有利于实现合理的地域分工：（1）遏制各地区争项目、争资金的不规范行为，使地区发展规划更符合各地发展水平、地区优势和参与区域分工的需求，也为企业的区域选择提供更准确的信息；（2）有利于欠发达地区潜在优势的发挥以及发达地区产业升级和区际产业转移（陈计旺，2001）。但这种完全由中央政府买单的方式显然与"受益者付费"的原则不协调，不仅没有调动全社会的积极性，而且使许多地方产生了依赖思想（陈辞，2009）。新中国成立以来，我国曾使用过多种类型的转移支付制度，如定额补助、专项补助等。1980年，我国开始实行"划分收支、分级包干"的财政管理体制，1988年调整为六种不同形式的包干办法，对于一些地区建立了长期定额补助制度。但是这种财政体制在调动地方政府发展经济的积极性方面较为欠缺，而且也对"低水平重复建设"起到了推波助澜的作用。为此，国务院从1994年起在全国推行分税制，用税收返还的办法调动各地发展经济的经济性。

目前，我国可以适当借鉴美国、加拿大等一些发达国家的经验，建立科学的转移支付量化指标体系，建立高透明度的横向转移支付制度，为区域产业分工发展与区域经济协调提供一定的财政保障。只有建立横向生态补偿机制才能更好地解决"负外部性"，以促进区域经济发展和生态建设中的公平。具体领域包括：建立自然保护区生态补偿机制，例如，国家级自然保护区与国家级地质遗迹或自然与文化遗产的保护，对国家生态安全具有重要意义的大江大河源头区、防风固沙区、洪水调蓄区等区域的保护与建设,设立促进跨行政区的流域水环境保护专项资金;建立矿产资源开发区和资源型城市的补偿机制,设立矿山生态补偿基金,解决矿产资源开发造成的历史遗留和区域性环境污染、生态破坏的补偿,以及环境健康损害赔偿等问题。

(2) 跨区援助政策

政策性援助通常是政府在国家建设和经济发展中对欠发达区域或问题区域实施的一种措施。在我国,政策性援助一般在上级政府对下级政府之间较为普遍。在功能区建设中,政策援助机制的建立要拓展其范围和内容。首先,援助机制不但要针对欠发达区域和问题区域,也要覆盖承担重要生态功能的区域;其次,援助机制不但包括政府间的纵向援助,而且要加强区域间的横向援助,通过跨区域财政转移支付等方式,使受援区域居民享有均等化的基本公共服务。

政策援助机制的建立,首先通过纵向转移支付等手段对问题区域做好环境的综合治理和欠发达地区的开发整治,尤其是对资源型企业形成的历史问题以及资源已经或接近枯竭的城市,给予必要的资金补偿和政策支持,解决以往发展所留下的历史欠账。从长远来看,要考虑逐步形成能够反映资源稀缺程度、市场供求关系和污染治理成本的价格形成机制,科学合理地确定资源成本费用核算办法,把矿业权取得、资源开采、环境治理、生态修复、安全设施建设、企业退出和转产等企业的成本范围进行核定,从根本上解决企业成本外部化所带来的生态环境保护问题;其次应当对问题区域的衰退产业进行援助,即在资源开发利用的不同阶段,特别是对资源开采进入中后期的地区或城市,通过支持其发展接续或替代产业,合理转移剩余生产能力。在有条件的区域,可以考虑培育地方性优势产业,逐步建立一个或几个新兴产业,保障资源型产业平稳退出

第八章
推动新型产业分工与空间均衡的政策

和资源型城市经济社会可持续发展（张国宝，2008）。然后要考虑对问题区域或欠发达地区的人口援助。包括促进下岗失业人员实现再就业，培训贫困失业人口，安置移民、解决企业历史遗留问题等，以及通过适当的政策措施引导人口向适宜地区转移或回流。

总之，功能区政策要在坚持区别对待、分类引导原则的基础上，按照符合市场经济规律的导向和趋势实施更细致、更有针对性的差异化财税政策，从而增强区域调控的有效性和科学性（贾康，2009）。逐步达到引导资源要素合理向目标功能区流动、使功能区的居民享有均等化的基本公共服务、促进市场主体和居民节约资源和重视环境保护的目标。

参考文献

［1］安树伟、吉新峰、王思薇：《主体功能区建设中区域利益的协调机制与实现途径研究》，《甘肃社会科学》2010年第2期。

［2］安树伟、张素娥：《产业链与京津冀地区制造业的发展》，《领导之友》2004年第4期。

［3］曹建海：《经济全球化与中国汽车产业发展》，《管理世界》2003年第4期。

［4］陈安国、饶会林：《城市经济区的辨识及京津冀经济区几个问题的研究》，《石家庄经济学院学报》2006年第6期。

［5］陈才：《区域经济地理学》，科学出版社，2001。

［6］陈辞：《基于主体功能区视角的生态补偿机制研究》，《生态经济》2009年第10期。

［7］陈栋生：《论区域经济协调发展》，《工业技术经济》2005年第4期。

［8］陈计旺：《地域分工与区域经济协调发展》，经济管理出版社，2001。

［9］陈建军：《长江三角洲地区的产业同构及产业定位》，《中国工业经济》2004年第2期。

参考文献

[10] 陈珂、陈炜:《商务成本的构成及其评价问题的研究》,《价值工程》2005年第5期。

[11] 陈守明:《现代企业网络》,上海人民出版社,2000,第6~7页。

[12] 陈秀山、徐瑛:《我国地区差距的基本特征与完善转移支付制度》,《经济学动态》2004年第11期。

[13] 陈耀:《京津冀经济圈与长三角、珠三角比较分析》,《前线》2005年第11期。

[14] 樊新生、李小建:《中国工业产业空间转移及中部地区发展对策研究》,《地理与地理信息科学》2004年第3期。

[15] 范爱军、杨丽:《模块化对分工演进的影响——基于贝克尔—墨菲模型的解释》,《中国工业经济》2006年第12期。

[16] 冯之浚等:《区域经济发展战略研究》,经济科学出版社,2002。

[17] 关志雄:《模块化与中国的工业发展》,日本经济产业研究所,http://www.rieti.go.jp/cn/index.html。

[18] 高汝熹、阮红:《论中国的圈域经济》,《科技导报》1990年第4期。

[19] 葛成立:《产业集聚与城市化的地域模式——以浙江省为例》,《中国工业经济》2004年第1期。

[20] 国家信息中心中国经济信息网编著《中国行业发展报告(2004)——汽车服务业》,中国经济出版社,2005。

[21] 韩士元、唐茂华:《京津冀都市圈一体化发展的合作重点及政府作用》,《天津行政学院学报》2005年第11期。

[22] 贺灿飞:《外商直接投资区位:理论分析与实证研究》,中国经济出版社,2005。

[23] 侯若石、李金珊:《资产专用性、模块化技术与企业边界》,

《中国工业经济》2006年第11期。

[24] 贾根良:《斯密定理与发展中国家的经济发展》,《南开经济研究》1995年第1期。

[25] 贾康:《推动我国主体功能区协调发展的财税政策》,《经济学动态》2009年第7期。

[26] 贾康、马衍伟:《推动我国主体功能区协调发展的财税政策研究》,《经济研究参考》2008年第3期。

[27] 江暮红:《基于中国汽车业的产业链整合》,《集团经济研究》2006年第10期。

[28] 江静、刘志彪:《商务成本:长三角产业分布新格局的决定因素考察》,《上海经济研究》2006年第11期。

[29] 江源:《汽车产业链已成为我国最有发展潜力的产业群》,《中国经贸导刊》2003年第12期。

[30] 蒋国俊、蒋明新:《产业链理论及其稳定机制研究》,《重庆大学学报(社会科学版)》2004年第1期。

[31] 李国平:《从产业链角度论中国电子信息产业发展》,http://www.cei.gov.cn/forum/,中国科学技术信息研究所加工整理。

[32] 李灏、冯百侠、王宏剑:《京津冀都市圈经济一体化障碍因素》,《河北理工大学学报(社会科学版)》2007年第2期。

[33] 李海舰、原磊:《三大财富及其关系研究》,《中国工业经济》2008年第12期。

[34] 李靖、魏后凯:《基于产业链的中国工业园区集群化战略》,《经济经纬》2007年第2期。

[35] 李平、狄辉:《产业价值链模块化重构的价值决定研究》,《中国工业经济》2006年第9期。

[36] 李文增:《加快京津联合,促进京津城市一体化进程》,《港

口经济》2004年第2期。

[37] 李晓华:《产业组织的垂直解体与网络化》,中国社科院研究生院博士论文,2005年4月。

[38] 李小建、李二玲:《中国中部农区企业集群的竞争优势研究——以河南省虞城县南庄村钢卷尺企业集群为例》,《地理科学》2004年第4期。

[39] 李英勤:《区域合作与分工——泛珠三角、南贵昆区域合作与贵州经济起飞战略》,中国经济出版社,2005。

[40] 厉无畏:《降低商务成本增强城市竞争力》,《中国城市报道》2003年第3期。

[41] 厉无畏、王振主编《21世纪初中国重点产业的发展与前景展望》,学林出版社,2005。

[42] 梁琦:《产业集聚论》,商务印书馆,2004。

[43] 梁琦:《中国制造业分工、地方专业化及其国际比较》,《世界经济》2004年第12期。

[44] 梁武波、余际从:《中国民营企业发展汽车工业的条件分析》,中国科技论文在线,http://www.paper.edu.cn。

[45] 林其泉:《分工的起源和发展》,厦门大学出版社,1998。

[46] 林榕航:《供应链管理(SCM)教程》,厦门大学出版社,2003。

[47] 刘东等:《企业网络论》,中国人民大学出版社,2003,第13~14页。

[48] 刘茂松、曹虹剑:《产业组织中的模块化理论发展动态》,《经济学动态》2006年第2期。

[49] 卢锋:《产品内分工》,载《经济学(季刊)》第4卷·第1期(总第14期),北京大学中国经济研究中心,北京大学出版社,2004。

[50] 鲁开垠:《增长的新空间——产业集群核心能力研究》,经济科学出版社,2006。

[51] 罗珉:《企业内部市场:理论、要素与变革趋势》,《中国工业经济》2004年第10期。

[52] 罗仲伟:《网络组织的特性及其经济学分析(上)》,《外国经济与管理》2000年第6期。

[53] 马晓河:《当前我国汽车产业发展的特点与问题》,《西部论丛》2004年第4期。

[54] 马元柱:《福建省产业集群发展战略的若干思考》,《福建论坛(人文社会科学版)》2004年第6期。

[55] 孟庆民、杨开忠:《以规模经济为主导的区域分工》,《中国软科学》2001年第12期。

[56] 攀学良:《大力实施产业链招商的几点思考》,《决策参考》2004年第7期。

[57] 全球并购研究中心编《中国产业地图(2004~2005)》,人民邮电出版社,2005。

[58] 上海上东投资管理有限公司编著《中国产业指引2006》,上海人民出版社,2006。

[59] 盛洪:《分工与交易——一个一般理论及其对中国非专业化问题的应用分析》,上海三联书店,1992。

[60] 石碧华:《区际分工与贸易》,载魏后凯主编《现代区域经济学》,经济管理出版社,2006。

[61] 石崧:《从劳动空间分工到大都市区空间组织》,华东师范大学博士论文,2005年5月。

[62] 史自力:《世界汽车产业发展趋势与中国汽车产业发展战略》,《经济经纬》2005年第1期。

[63] 宋宪萍:《产业结构趋同的体制剖析》,《理论界》2000年第

2 期。

[64] 宋璇涛：《寻求区域经济非均衡协调发展》，中共中央党校出版社，2001。

[65] 孙红玲：《完善主体功能区布局与区域协调互动的发展机制》，《求索》2008 年第 11 期。

[66] 田文：《产品内贸易的定义、计量及比较分析》，《财贸经济》2005 年第 5 期。

[67] 童有好：《新型国际分工体系对经济周期的影响》，《亚太经济》2004 年第 2 期。

[68] 王缉慈：《创新的空间：企业集群与区域发展》，北京大学出版社，2001。

[69] 王建：《中国区域经济发展战略的总体思路》，《领导决策信息》2003 年第 11 期。

[70] 王建等：《中国区域经济发展战略》，《管理世界》1996 年第 4 期。

[71] 王秀玲：《对京津冀区域经济一体化发展的探析与思考》，《中央社会主义学院学报》2006 年第 6 期。

[72] 王一鸣主编《中国区域经济政策研究》，中国计划出版社，1998。

[73] 魏后凯：《大都市区新型产业分工与冲突管理——基于产业链分工的视角》，《中国工业经济》2007 年第 2 期。

[74] 魏后凯：《打造北京市主导优势产业链》，研究报告，2006 年北京市工业促进局委托研究项目。

[75] 魏后凯主编《现代区域经济学》，经济管理出版社，2006。

[76] 魏后凯主编《从重复建设走向有序竞争》，人民出版社，2001。

[77] 魏后凯：《区域经济发展的新格局》，云南人民出版社，1995。

[78] 魏后凯:《走向可持续协调发展》,广东经济出版社,2001。

[79] 魏然、李国梁:《京津冀区域经济一体化可行性分析》,《经济问题探索》2006年第12期。

[80] 翁鲁敏、陈建国、杨宏翔等:《中国纺织:转型升级进行时——基于浙江的调查与分析》,浙江省社科规划重点课题研究成果,2010年10月。

[81] 吴昊:《从产业链角度看中国汽车零部件企业的发展策略》,《科技与经济》2006年第15期。

[82] 肖金成、史育龙、李忠等:《第三增长极的崛起——天津滨海新区发展战略研究》,经济科学出版社,2006。

[83] 晓亮、戎文佐:《生产专业化和协作》,轻工业出版社,1979。

[84] 许继琴:《产业集群与区域创新系统》,经济科学出版社,2006。

[85] 阎金明:《国内外大都市带的发展经验及启示——兼论京津冀的联合发展》,《城市经济》2003年第5期。

[86] 严茂超:《生态经济学新论:理论、方法与应用》,中国致公出版社,2001。

[87] 宴智杰:《古典经济学》,北京大学出版社,1998。

[88] 杨开忠:《迈向空间一体化——中国市场经济与区域发展战略》,四川人民出版社,1993。

[89] 杨开忠:《京津冀区域战略应纳入国家行为》,《中国改革报》,http://www.southcn.com/news/china/zgkx/200405260531.htm。

[90] 杨开忠:《中国区域发展研究》,海洋出版社,1989。

[91] 游杰、龚晓:《产业分工深化及其协调问题》,《学术论坛》2006年第3期。

[92] 张冰、金戈:《试论分工演进之社会支撑体系》,《甘肃社会

科学》2006年第4期。

[93] 张敦富主编《区域经济学原理》，中国轻工业出版社，1999。

[94] 张国宝主编《东北地区振兴规划研究·专项规划研究卷》，中国标准出版社，2008。

[95] 张辉：《全球价值链理论与我国产业发展研究》，《中国工业经济》2004年第5期。

[96] 张可云：《区域分工与区域贸易保护的理论分析》，《理论研究》2000年第5期。

[97] 张可云：《主体功能区的操作问题与解决办法》，《中国发展观察》2007年第3期。

[98] 张可云：《区域大战与区域经济关系》，民主与建设出版社，2001。

[99] 张可云：《区域经济政策：理论基础与欧盟国家实践》，中国轻工业出版社，2001。

[100] 张纪：《产品内国际分工中的收益分配——基于笔记本电脑商品链的分析》，《中国工业经济》2006年第7期。

[101] 张丽君主编《区域经济政策》，中央民族大学出版社，2006。

[102] 张永生：《厂商规模无关论——理论与经验证据》，中国人民大学出版社，2003。

[103] 张余文：《产业结构和产业结构升级》，载金碚主编《新编工业经济学》，经济管理出版社，2005。

[104] 张兆安：《大都市圈与区域经济一体化——兼论长江三角洲区域经济一体化》，上海财经大学出版社，2006。

[105] 张莹：《产品内分工：文献综述》，《中南财经政法大学研究生学报》2006年第3期。

[106] 赵刚主编《供应链管理》，电子工业出版社，2004。

[107] 赵弘主编《2006~2007年：中国总部经济发展报告》，社会科学文献出版社，2006。

[108] 赵树宽等：《从世界汽车产业发展趋势看我国汽车产业的发展》，《中国软科学》2003年第8期。

[109] 浙江轻纺职业技术学院编著《宁波服装产业新视角——竞争力调查与分析》，西南交通大学出版社，2004。

[110] 郑巩固：《完善产业链、促进产业集聚的对策探讨》，《厦门科技》2003年第6期。

[111] 周起业等：《区域经济学》，中国人民大学出版社，1989。

[112] 中国人民大学区域经济研究所编著《产业布局学原理》，中国人民大学出版社，1997。

[113] 中国产业地图编委会、中国经济景气监测中心编《中国产业地图：汽车2004~2005》，社会科学文献出版社，2005。

[114] 庄尚文：《网络经济条件下的产品内分工与模块化生产》，《南京财经大学学报》2005年第4期。

[115] 宗刚、李红丽：《基于产业价值链理论的北京汽车服务业发展研究》，《技术经济》2006年第5期。

[116] 踪家峰、曹敏：《地区专业化与产业地理集中的实证分析——以京津冀地区为例》，《厦门大学学报（哲学社会科学版）》2006年第5期。

[117] 〔奥〕庞巴维克：《资本实证论》，商务印书馆，1964。

[118] 〔澳〕杨小凯、黄有光：《专业化与经济组织——一种新型古典微观经济学框架》，张玉纲译，经济科学出版社，2000。

[119] 〔澳〕杨小凯、〔中〕张永生：《新兴古典经济学与超边际分析》，社会科学文献出版社，2003。

[120] 〔德〕阿尔弗雷德·韦伯：《工业区位论》，商务印书馆，

1997。

[121]〔德〕马克思:《机器自然力和科学的应用》,人民出版社,1978。

[122]〔德〕马克思:《资本论》第一卷,人民出版社,1975。

[123]〔美〕B. 约瑟夫·派恩:《大规模定制:企业竞争的新前沿》,操云甫等译,中国人民大学出版社,2000。

[124]〔美〕道格拉斯·C. 诺斯:《经济史中的结构与变迁》,陈郁等译,上海三联书店、上海人民出版社,1994。

[125]〔美〕肯尼思·W. 克拉克森、罗杰·勒鲁瓦·米勒:《产业组织:理论证据和公共政策》,杨龙、罗靖译,上海三联书店,1989。

[126]〔美〕卡利斯·Y. 鲍德温等:《价值链管理》,中国人民大学出版社、哈佛商学院出版社,2001。

[127]〔美〕康芒斯:《制度经济学》上册,商务印书馆,1983。

[128]〔美〕迈克尔·波特:《国家竞争优势》,华夏出版社,2002。

[129]〔美〕保罗·克鲁格曼:《发展、地理学与经济理论》,蔡荣译,北京大学出版社,2000。

[130]〔美〕保罗·克鲁格曼:《地理和贸易》,张兆杰译,北京大学出版社,2000。

[131]〔美〕保罗·克鲁格曼:《战略性贸易政策与新国际经济学》,海闻等译,中国人民大学出版社、北京大学出版社,2000。

[132]〔美〕保罗·克鲁格曼:《国际贸易新理论》,黄胜强译,中国社会科学出版社,2001。

[133]〔美〕保罗·克鲁格曼、茅瑞斯·奥伯斯法尔德:《国际经济学》(第四版),人民大学出版社,1998。

[134]〔美〕斯蒂格勒:《产业组织和政府管制》,潘振民译,上海

人民出版社，1996。

[135]〔美〕威廉·克莱茵：《美国的贸易和产业政策：纺织、钢铁和汽车产业的经验》，载克鲁格曼主编《战略性贸易政策与新国际经济学》，海闻等译，中国人民大学出版社、北京大学出版社，2000。

[136]〔美〕西奥多·W. 舒尔茨：《论人力资本投资》，吴珠华等译，北京经济学院出版社，1990。

[137]〔美〕西奥多·W. 舒尔茨：《人力资本投资：教育和研究的作用》，蒋斌、张蘅译，商务印书馆，1990。

[138]〔瑞〕伯尔蒂尔·俄林：《地区间贸易和国际贸易》，商务印书馆，1986。

[139]〔日〕青木昌彦、安藤晴彦：《模块化时代：新产业结构的本质》，上海远东出版社，2003。

[140]〔日〕藤田昌久、〔美〕保罗·克鲁格曼、〔英〕安东尼·J. 维纳布尔斯：《空间经济学：城市、区域与国际贸易》，梁琦主译，中国人民大学出版社，2005。

[141]〔日〕小岛清：《对外贸易论》，南开大学出版社，1980。

[142]〔苏〕列宁：《俄国资本主义发展》，人民出版社，1960。

[143]〔苏〕列宁：《列宁全集》第3卷，人民出版社，1984。

[144]〔苏〕萨乌什金：《经济地理学：历史、理论、方法和实践》，毛汉英等译，商务印书馆，1987。

[145]〔以〕埃尔赫南·赫尔普曼、〔美〕保罗·R. 克鲁格曼：《市场结构和对外贸易：报酬递增、不完全竞争和国际贸易》，尹翔硕、尹翔康译，上海三联书店，1993。

[146]〔英〕巴顿：《城市经济学：理论和政策》，上海社会科学院部门经济研究所城市经济研究室译，商务印书馆，1984。

[147]〔英〕大卫·李嘉图：《政治经济学及赋税原理》，商务印书

馆，1976。

[148] 〔英〕弗里德利希·冯·哈耶克:《自由秩序原理》，邓正来译，三联书店，1997。

[149] 〔英〕马歇尔:《经济学原理》，朱志泰译，商务印书馆，1964。

[150] 〔英〕亚当·斯密:《国富论》，杨敬年译，陕西人民出版社，2001。

[151] Adam Smith. *An Inquiry into the Nature and Causes of the Wealth of Nations*. Chicago: University of Chicago Press, 1976.

[152] Alchian A., Demsetz H. The Property Right Paradigm. *The Journal of Economic History*, 1973, 33 (1): 16 - 27.

[153] Alex Hoen. Three Variation on Identifying Cluster. Paper Presented by OECD: Workshop on Cluster Analysis and Cluster Based Policy, Amsterdam, 1997 (10): 10 - 11.

[154] Amiti M. New Trade Theories and Industrial Location in the EU: A Survey of Evidence. *The Oxford Review of Economic Policy*, 1998 (2).

[155] Amighini Alessia. China in the International Fragmentation of Production, Evidence from the ICT Industry. *The European Journal of Comparative Economics*. Vol. 2, 2005: 203 - 219.

[156] Arndt Sven W., Henryk Kierzkowki. *Fragmentation: New Production Patterns in the World Economy*. Oxford University Press, 2001.

[157] Arndt Sven W. Globalization and the Open Economy [J]. *North American Journal of Economics and Finance*, 1997 (1): 71 - 79.

[158] Arndt Sven W. Super-specialization and the Gains from

Trade. *Contemporary Economic Policy* XVI, 1998: 480 – 485.

[159] Arndt Sven W. Preference Areas and Intra-product Specialization. Claremont Colleges Working Papers, 2000.

[160] Baldwin Carliss Y., Kim B. Clark. Managing in an Age of Modularity. *Harvard Business Review*, 1997 (5).

[161] Barney J. B. Firm Resources and Sustained Competitive Advantage. *Journal of Management*, 1991, 17 (1).

[162] Becker G. S., Murphy K. M. The Division of Labor, Coordination Costs, and Knowledge. *Quarterly Journal of Economics*, 1992, 107 (4).

[163] Boudeville J. R. Problems of Regional Economic Planning. Edinburgh University Press, 1966.

[164] Brander J., Spencer B. International R&D Rivalry and Industrial Strategy. *Review of Economic Studies*, 1983, Vol. 50, 707 – 721.

[165] Brander J., Spencer B. Tariffsand the Extraction of Monopoly rentunderpotentialentry. *Canadian Journal of Economics*, 1981, Vol. 50.

[166] Brander J., Krugman P. R. A Reciprocal Dumping Model of International Trade. *Journal of International Economics*, 1983, Vol. 15.

[167] Bruelhart M. Economic Geography, Industry Location and Trade: The Evidence. *The World Economy*, 1998 (21).

[168] Bruelhart M., Torstensson J. Regional Integration, Scale Economies and Industry Location. CEPR Discussion Paper No. 1435, Centre for Economic Policy Research, 1996.

[169] Bruelhart M. Industrial Specialization in the European Union: A

Test of the New Trade Theory. Trinity Economic Papers, No 95/5, 1995.

[170] Canning David. Specialization, Scale Economies and Economic Development. Economics Letters, 52 (1), July, 1996: 95 – 100.

[171] Capello R. Spatial Transfer of Knowledge in Hi-Tech Miliew: Learning Versus Collective Learning Progresses. *Regional Studies*, 1999 (33): 352 – 365.

[172] Coase R. H. The Nature of the Firm. *Economica*, NewSeries, 1937, 4 (16).

[173] Coase R. H. The Problem of Social Cost. In Journal of *Law and Economics*. October, 1960.

[174] Cooke P. Regional Innovation Systems: General Findings and Some New Evidence form Biotechnology Clusters. *Journal of Technology Transfer*. 2002 (27).

[175] Dalum Bent, Villumsen Gert. Are OECD Export Specialisation Patterns Sticky Relations to the Convergence-divergence Debate? Danish Research Unit for Industrial Dynamics Druid Working Paper No. 96 – 3, April, 1996.

[176] Deardorff Alan V. Fragmentation Across Cones [C]. RISE Discussion Paper. No. 427, 1998.

[177] Deardorff Alan V. Gains from Trade and Fragmentation. Paper Prepared for CESifo Wrokshop Presentation, 2005, July18 – 19.

[178] Dicken P. Global Shift: The Internationalization of Economic Activity. Paul Chapman Publishing lit, 1998.

[179] Dixit Avinash K., Grossman Gene M. Trade and Protection with Multistage Production. The Review of Economic Studies,

1982, 49 (4): 583-594.

[180] Duranton Gilles, Puga Diego. From Sectoral to Functional Urban Specialization. National Bureau of Economic Research, 2002.

[181] Dyer J. H., Singh H. The Relational View: Cooperative Strategy and Sources of Interorganizational Competitive Advantage. *Academy of Management Review*, 1998, 23 (4).

[182] Ellison G., Glaeser E. Geographic Concentration in U.S. Manufacturing Industries: A Dartboard Approach. *Journal of Political Economy*, 1997 (5).

[183] Ellram L. M. Supply Chain Management: The Industrial Organization Perspective. *International Journal of Physical Distribution and Logistics Management*, 1991, 21 (1).

[184] Feenstra Robert C., Hanson Gordon H. The Impact of Outsourcing and High-technology Capital on Wages: Estimates for the United States. *Quarterly Journal of Economics*, 1999 (3).

[185] Feenstra Robert C. Ownership and Control in Outsourcing to China. NBER Working Paper, No. 10198, 2003.

[186] Feenstra Robert C. Ownership and Control in Outsourcing to China. NBER Working Paper, No. 10198, 2003.

[187] Francois Perroux. Economic Space: Theory and Applications. *Quarterly Journal of Economics*. 1950.

[188] Frohlich M., Westbrook R. Arcs of Integration: An International Study of Supply Chain Strategies. *Journal of Operations Management*, 2001, 19 (2).

[189] Gereffi G. Acommodity Chains Framework for Analyzing Global Industries, in Institute of Development Studies, 1999, Background

Notes for Workshop on Spreading the Gains from Globalisation, www. ids. ac. uk/IDS/global/conf/pdfs/backgr. pdf.

[190] Gereffi G. International Trade and Industrial Upgrading in the Apparel Commodity Chain. *Journal of International Economics*, 1999 (48).

[191] Gereffi G. The Organization of Buyer-Driven Global Commodity Chains: How US Retailers Shape Overseas Production Networks. In G. Gereffi and M. Korzeniewicz (eds) Commodity Chains and Global Capitalism, Westport, C. T. , Praeger, 1994.

[192] Gilley K. M. , Rasheed A. Making More by Doing Less: Analysis of Outsourcing and Its Effects on Firm Performance. *Journal of Management*, 2002, 26 (2).

[193] Gottmann Jean. Megalopolis of the Urbanization of the Northeastern Seaboard. *Economic Geography*, 1957, 33 (3): 189 – 200.

[194] Hammen M. The Super Efficient Company. *Harvard Business Review*, 2001, 79 (8).

[195] Harrigan K. Strategies for Intrafirm Transfers and Outside Sourcing. *Academy of Management Journal*, 1985, 28 (4).

[196] Harrington H. J. *Business Process Improvement*. New York: McGraw-Hill, 1993.

[197] Hay D. , Morris D. *Industrial Economics and Organization*. Oxford University Press, 1991.

[198] Helpman E. , Krugman P. *Market Structure and Foreign Trade: Increasing Returns, Imperfect Competition and the International Economy*. Harvester Wheat Sheaf: Brighton, 1985.

[199] Hummels David, Ishii. Jun, Yi Kei-Mu. The Nature and

Growth of Vertical Specialization in World Trade. *Journal of International Economics*, 2001 (54).

[200] Humphrey John. Assembler-Supplier Relations in the Auto Industry: Globalization and National Development. Competition & Change, 2000 (4): 245 - 271.

[201] Humphrey John, Memedovic Olga. The Global Automotive Industry Value Chain: What Prospects for Upgrading by Developing Countries. United Nations Industrial Development Oragnization, 2003: 25 - 26.

[202] Hammer Michael. *The Super Efficient Company*. Harvard Business Review, 2001 (9).

[203] Jones Ronald W., Kierzkowski Henryk. The Role of Services in Production and International Trade: A Theoretical Framework. *The Political Economy of International Trade*, Oxford: Blackwell, 1990: 31 - 48.

[204] Jones Ronald W., Kierzkowski Henryk. A Framework for Fragmentation. Tinbergen Institute Discussion Paper, 2001.

[205] Kaplinsky R., Morris M. A. Handbook for Value Chain Research. Prepared fortheIDRC, 2001.

[206] Kathandaraman Prabakar, Wilson David T. The Future of Competition: Value-creating Network. Industrial Marketing Management, 2001 (30).

[207] Krugman P. Increasing Returns and Economic Geography. *Journal of Political Economy*, 1991, Vol. 99.

[208] Lambert D. M., Emmelhainz M. A., Gardner J. T. Developing and Implementing Supply Chain Partnerships. *The International Journal of Logistics Management*, 1996, 7 (2).

参 考 文 献

[209] Langois RN. Modularity in Technology and Organization. *Journal of Economic Behavior & Organization*, 2002 (49).

[210] Larsson R. The Handshake between Invisible and Visible Hands. International Studies of Management & Organization, 1993, 23 (1).

[211] Lee H. L. , Billington C. Managing Supply Chain Inventory: Pitfalls and Opportunities. *Sloan Management Review*, 1992, 33 (3).

[212] Lin Can. Globalization of the Automobile Industry in China: Dynamics and Barriers in Greening of the Road Transportation, Energy Policy, 2003 (31).

[213] Lynn Mytelka, Fulvia Farinelli. Local Clusters, Innovation System and Sustained Competitiveness. Discussion Papers from United Nations University, Institute for New Technologies, 2000 (2): 41 – 42.

[214] Midelfart Knarvik K. H. , Overman F. G. , Redding S. J. , Venables A. J. The Location of European Industry. Economic Papers No. 142 – Report Prepared for the Directorate General for Economic and Financial Affairs, European Commission, 2000.

[215] Morgan R. M. , Hunt S. D. The Commitment-trust Theory of Relationship Marketing. *Journal of Marketing*, 1994, 58 (3).

[216] Myrdal G. *Economic Theory and Under Developed Regions*. London, Duckworth, 1957.

[217] North D. C. . Location Theory and Regional Economic Growth. *Journal of Political Economy*, 1995, Vol. 63.

[218] North D. C. , Thowmas R. P. *Therise of the Western World: A*

New Economic History. Combridge University Press, 1973.

[219] Padmore T, Gibson H. Modeling System of Innovation: A Framework of Industrial Cluster Analysis in Regions. *Research Policy*, 1998 (26).

[220] Piore Michael J., Sabel Charles F.. *The Second Industrial Divide: Possibilities for Prosperity*, Basic Books, Inc., Publishers, New York, 1984.

[221] Porter M. *Clusters and the Economics of Competition.* Harvard Business Review, 1998 (11).

[222] Porter M. Competitive Advantage of Nations, *Harvard Business Review* 68 (2), 1991.

[223] Puga D., Venables A The Spread of Industry: Spatial Agglomeration in Economic Development. *Journal of the Japanese and International Economics*, 1996 (10).

[224] Puga D., Venables A. Preferential Trading Arrangements and Industrial Location. *Journal of International Economics*, 1997, vol. 43.

[225] Sanchez Ron, Joseph T. Mahoney. Modularity, Flexibility, and Knowledge Management in Product and Organizational Design. *Stragegic Management Journal*, 1996 (17).

[226] Saxenian A. *Regional Advantage: Culture Competition in Silicon Valley and Route Cambridge*, MA: Harvard University Press, 1994.

[227] Scott Allen J. Industrial Organization and Location: Division of Labor, the Firm and Spatial Process. *Economic Geography*, Vol. 62, 1986, No. 3, P215 – 231.

[228] Scott Allen J. The Roepke Lecture in Economic Geography the

Collective Order of Flexible Production Agglomeration: Lessons for Local Economic Development Policy and Strategic Choice. In *Economic Geography*, Vol. 68, 1992, No. 3.

[229] Scott Allen J., Stoper M. Regions, Globalization, Development. *Regional Studies*, 2003, (37): 579–593.

[230] Stigler George J. The Successes and Failures of Professor Smith. *Journal of Political Economy*, 1976 (84).

[231] Stigler George J. The Divisin of Labor is Limited by the Extent of Market. *The Journal of Political Economy*, Volume 59, Issue 3 (Jun., 1951), 185–193.

[232] Storper M. The Limits to Globalization: Technology District and International Trade. *Economic Geography*, Vol. 68, No. 1, 1992.

[233] Storper M. *The Regional World: Territorial Development in a Global Economy*. New York: Guilford Press, 1997.

[234] Teece D. J., Pisano G., Shuen A. Dynamic Capabilities and Strategic Management. *Strategic Management Journal*, 1997, 18 (7).

[235] Tracey Paul, Clark Gordon L. Alliances, Networks and Competitive Strategy: Rethinking Clusters of Innovation. Growth & Change, 2003, 34 (1): 1–16.

[236] Veloso F. The Automotive Supply Chain Organization: Global Trends and Perspectives. In Massachusetts Institute of Technology Working Paper, 2000.

[237] Vernon Raymond. *The Technology Factor in International Trade*, New York Columbia University Press, 1970.

[238] William Petty. Political Arithmetics, in C. H. Hull ed.

Economic Writings of Sir. William Petty, Reissued, New York, Augustus M. Kelly, 1963.

[239] Williamson Oliver. *Economic Institution of Capitalism*, The Free Press, 1985.

[240] Williams L. R., Esper T. l., Ozment J. The Electronic Supply Chain: Its Impact on the Current and Future Structure of Strategic Alliances Partnerships and Logistics Leadership. *International Journal of Physical Distribution & Logistics Management*, 2002, 32 (8).

[241] Young Allyn. Increasing Returns and Economic Progress. *Quarterly Journal of Economics*, 1992.

图书在版编目（CIP）数据

新型产业分工：重塑区域发展格局/李靖著. —北京：社会科学文献出版社，2012.8
　ISBN 978-7-5097-3677-7

Ⅰ.①新… ①李… Ⅲ.①产业发展-地域分工-研究-中国
Ⅳ.①F127

中国版本图书馆CIP数据核字（2012）第183850号

新型产业分工：重塑区域发展格局

著　　者 / 李　靖

出 版 人 / 谢寿光
出 版 者 / 社会科学文献出版社
地　　址 / 北京市西城区北三环中路甲29号院3号楼华龙大厦
邮政编码 / 100029

责任部门 / 皮书出版中心（010）59367127　　责任编辑 / 任文武
电子信箱 / pishubu@ssap.cn　　　　　　　　责任校对 / 李有江
项目统筹 / 任文武　　　　　　　　　　　　责任印制 / 岳　阳
经　　销 / 社会科学文献出版社市场营销中心（010）59367081　59367089
读者服务 / 读者服务中心（010）59367028

印　　装 / 北京季蜂印刷有限公司
开　　本 / 787mm×1092mm　1/20　　　　印　张 / 12.2
版　　次 / 2012年8月第1版　　　　　　　字　数 / 194千字
印　　次 / 2012年8月第1次印刷
书　　号 / ISBN 978-7-5097-3677-7
定　　价 / 45.00元

本书如有破损、缺页、装订错误，请与本社读者服务中心联系更换
▲ 版权所有　翻印必究